绝对成交

刘 强◎编著

民主与建设出版社

·北京·

© 民主与建设出版社，2023

图书在版编目（CIP）数据

绝对成交 / 刘强编著 . -- 北京 : 民主与建设出版
社 , 2023.11
　　ISBN 978-7-5139-4396-3

　　Ⅰ . ①绝… Ⅱ . ①刘… Ⅲ . ①销售—方法 Ⅳ .
① F713.3

中国国家版本馆 CIP 数据核字（2023）第 190647 号

绝对成交
JUEDUI CHENGJIAO

编　　著	刘　强
责任编辑	廖晓莹
封面设计	润和佳艺
出版发行	民主与建设出版社有限责任公司
电　　话	（010）59417747　59419778
社　　址	北京市海淀区西三环中路 10 号望海楼 E 座 7 层
邮　　编	100142
印　　刷	衡水翔利印刷有限公司
版　　次	2023 年 11 月第 1 版
印　　次	2023 年 11 月第 1 次印刷
开　　本	710mm×1000mm　1/16
印　　张	12
字　　数	190 千字
书　　号	ISBN 978-7-5139-4396-3
定　　价	46.00 元

注 : 如有印、装质量问题，请与出版社联系。

前言

　　许多销售员经常抱怨：我已经非常用心了，为何总是不能成交？客户不相信我，我该怎么办？我怎么说才能把产品卖给客户？我和销售明星一样努力，为何不能像他们一样成交？其实，很多时候不是你不够努力，也不是你不够用心，而是你不懂得成交的艺术。

　　传统的销售工作只是单纯地把产品卖给客户，而如今的销售工作已经发生了巨大的变化。很多时候，销售员更像是一个谈判专家和心理学家。与之前相比，无论哪个行业，都对销售员提出了更高的要求，不仅要求销售员具有良好的心态，能洞察客户的心理，能识别潜在客户，还要求销售员懂得做人做事的智慧，懂得拜访客户的技巧，懂得如何引导客户购买产品，懂得对不同客户采取不同的应对方案。

　　对于销售员来说，想要打开客户的心门并不是一件简单的事情，只有那些懂得学习、观察细致的销售员，才能获得客户的青睐。因此，要想提高销售技巧，销售员就要善于把心理学应用到销售之中，用自己的真诚、耐心捕获客户的心，消除客户的抵触心理，赢得客户的信赖。

由此可见，销售不是一个简单的工作，其过程中会遇到各种各样的棘手问题，也会遇到挫折、打击，非常考验一个人的心理素质。因此，销售员要有一定的承压能力，能正确对待销售过程中遇到的各种压力，以积极的心态面对失败和挫折。

销售是一种以结果论成败的游戏，目的只有一个，那就是成交。在每一位销售员的心中，成交永远高于一切。假如没有顺利成交，就算销售员的口才再棒，心理素质再好，也不会赢得老板的赏识。在销售领域，令众人敬服的永远是那些取得非凡成绩的"销售大神"。

本书汇集了众多销售明星的实战经验，揭示了各个成功案例的成交秘诀，能教你学会如何洞悉客户的心理，如何赢得客户的信任，如何成功说服客户签单。本书是一本理论和实践相结合的实用工具书，相信通过阅读本书，您一定会受益匪浅。

目录

第一章　没有好心态，如何谈成交

高度认同自己，建立打不垮的自信 / 002

克服胆怯心理，敢把产品卖给大人物 / 005

相信自己，挫折只是浮云 / 008

热情是销售的灵魂 / 011

野心越大，销售的潜力就越大 / 014

东方销售之神柴田和子：用心对待每一次可能成交的机会 / 017

第二章　卖产品，就是"卖自己"

充分表现好人品，客户才放心 / 020

你够专业，才能打消客户的疑虑 / 023

人靠衣装，用服装锁住客户的心 / 026

礼仪——成交的通行证 / 029

汽车销售大王乔·吉拉德：用名片随时随地推销自己 / 032

第三章　快速发现潜在客户，是做好销售的基本功

练就火眼金睛，识别潜在客户 / 036

多途径寻找潜在客户，不要一条道走到黑 / 040

跟进潜在客户，刺激客户的购买欲望 / 043

突破重围，寻找重要的决策者 / 046

房产销售大师汤姆·霍普金斯：人人都是你的客户 / 048

第四章　客户类型不同，要使出不同的撒手锏

干练型客户——直奔主题 / 052

节约型客户——用"白菜价"征服他 / 055

女性客户——赞美肯定屡试不爽 / 058

犹豫型客户——主动提出一些小建议 / 061

专断型客户——满足对方的控制欲 / 064

寿险推销之神原一平：任何准客户都有其一攻就垮的弱点 / 068

第五章　初次见客户，瞬间赢得对方好感很关键

称呼得体，让客户"芳心暗许"　/ 072

牢记客户姓名，瞬间攻破对方心防　/ 075

刚见面别谈生意，先套套近乎　/ 078

打好感情牌，成交水到渠成　/ 081

幽默——客户不忍说"不"的撒手锏　/ 084

寿险大师乔·甘道夫：用独特的开场白抓住客户的注意力　/ 087

第六章　展现产品魅力，激发客户的购买欲望

提炼卖点，"秀"出产品价值　/ 092

三流销售卖产品，一流销售卖故事　/ 095

专业术语要通俗地说　/ 098

与其王婆卖瓜，不如做产品演示　/ 101

金牌保险销售员弗兰克·贝特格：你对产品自信，顾客才能打消疑虑　/ 104

第七章　掌握谈判技巧，不愁对方不上钩

争辩无法解决异议，只会加剧矛盾 / 108

永远不要亮出自己的底牌 / 110

让步，为成交保驾护航 / 112

采用欲擒故纵法，吊足客户的胃口 / 115

谈判时间、地点的选择也会有猫腻 / 118

说话有禁忌，谈判须谨慎 / 121

商业谈判大师罗杰·道森：永远不要接受第一次报价 / 124

第八章　被拒不可怕，成交从拒绝开始

前台挡驾，怎么搞定对方 / 128

客户下逐客令，应对有绝招 / 131

客户说"考虑一下"时，要抓住他的心动时机 / 134

客户说"价格太高"时，要谈一谈商品的价值 / 137

销售大师戴夫·多索尔森：从拒绝理由入手寻找说服客户的机会 / 140

第九章　看透客户的心，成交率百分之百

销售也讲究"攻心为上" / 144

利用顾客爱占便宜的心理，玩一些价格游戏 / 146

先交朋友再做生意 / 149

客户是"鱼"，赠品是"鱼饵" / 152

给足面子，满足顾客小小的虚荣心 / 155

顶级销售师博恩·崔西：寻找客户的兴趣点 / 158

第十章　引导客户，让他跟着你的思维走

用语言引导客户的思维，变被动为主动 / 162

让顾客觉得赚了，你就赢了 / 165

利用从众心理，营造竞相购买的氛围 / 167

清扫疑虑，让顾客放心购买 / 170

利用"威胁法"，让客户抢着签单 / 173

著名销售大师齐格·齐格勒：暗示具有神奇的力量 / 176

绝对成交

第一章
没有好心态，如何谈成交

美国成功学大师拿破仑·希尔说："要么你驾驭命运，要么命运驾驭你，你的心态决定了谁是坐骑，谁是骑师。"对于销售人员来说，心态是成交的基础。实践证明，80%的销售业绩是由心态决定的，心态不好的销售人员大多无法成交。因此，想要100%成交，就必须具备良好的心态。

高度认同自己，建立打不垮的自信

销售的本质是销售人员要把客户需要的产品和服务提供给客户，帮助客户选择正确的产品，而不是把产品或服务硬塞给客户。自卑是一种不健康的心态，直接影响销售业绩，是销售的大忌。在客户面前推销产品时，如果销售人员很自卑，总是唯唯诺诺的，就会让客户觉得你的产品质量不好，或者价格偏高。一旦客户内心产生这种感觉，再想改变他的想法就不那么容易了。

就算销售人员的业绩一直不太好，也要在客户面前表现得自信满怀，不可有丝毫的犹豫。客户询问产品的质量时，不要模棱两可地说"应该不错"或"我觉得还可以"之类的话，而是要十分自信地回答："这个您尽管放心，我们的产品质量一直非常好，深受广大消费者的喜爱，回头客特别多。"因为客户询问产品的质量并不是觉得产品质量不好，而是象征性地问一句，消除心中的疑虑。此时，客户最想听到的是一个十分肯定的回答，只有销售人员承诺产品质量好，消除客户的疑虑，才能坚定客户购买的决心。

如果遇到强势的客户，一些缺乏经验的销售人员由于自卑，往往显得怯懦。客户很可能因为销售人员的自卑而产生各种顾虑，最后不敢购买。其实，销售人员没必要这样自卑，虽然对方是比较强势的客户，但是面对原则性问题，该强势的时候就要强势，这样反而可以坚定客户购买的决心。

销售人员除了在推销环节要保持自信外，在议价环节也要保持自信。一些缺乏经验的销售人员为了成交，不惜在刚开始时就压低价格，给自己预留的利润空间非常小，其实这样并不是明智之举。"一分价钱一分货"，实际上，假如产品的质量足够好，价格高一些是可以接受的，销售人员没必要过分牺牲自己的利益。从某种程度上说，价格传递了产品的质量信息，价格高说明产品的质量好，价格太低反而容易引起客户怀疑。

无论销售人员做销售工作的时间长短、有无业绩，都应该摒弃自卑的心态，用自信感染客户，促成交易。只有保持自信，才能赢得客户的信赖，得到客户的认可。销售人员要有一种舍我其谁的气势，绝对相信自己的实力，不能有丝毫的自卑心理。

小李和小刘是两名刚走出校门的大学生，二人同时应聘销售主管一职，面试的题目是向一家商场推销一批水果。

小李和小刘二人水平相当，不过小李比小刘更自信一些。小李接到任务后，心想：原来这么简单，我相信自己的实力，肯定可以把这批水果卖给商场。小刘却有些担忧，害怕不能完成这个任务。

小李找到这家商场的采购主管，满怀自信地说："您好，非常高兴能见到您，相信等我说明我的来意之后，您也会有同样的感觉。我是一家水果公司的销售员，今天来的目的是给您带来一个好消息。目前我们公司的水果在一线城市的各大商场都有销售，不仅质量上乘，而且价格低廉，各大商场的采购部门一直都是从我们这里订货。经过我的观察，你们商场的水果质量远不如我们公司的水果质量，价格反而比其他商场更贵，所以我觉得您有必要考虑换一家水果公司，直接与我们公司合作。"

小刘也找到这家商场的采购主管，唯唯诺诺地说："您好，非常感谢您给我这个机会，让我向您讲解一下我们公司的产品。我们公司为各大商场提供水果，不知道你们商场是否考虑更换一家水果公司，如果考虑更换，可以联系我，也许您能对我们公司的产品感到满意。"

自信的小李和自卑的小刘谁能胜出已经显而易见，采购主管和小李合作肯定会觉得是小李给了他一个机会，而和小刘合作则会觉得是他给了小刘一个机会。推销产品时，没有哪个客户愿意给陌生的销售员一个机会，除非他觉得这位陌生的销售员能给他带来利益。

自信可以为销售人员争取更多机会，赢得客户的信赖，使成交的概率大大增加，而自卑则会让销售人员丧失机会，所以销售人员必须摒弃自卑心态，在客户面前表现得自信起来。不过，自信并不是在短期内形成的，自卑的人不可能立即就变得自信，而是要经常做一些让自己佩服自己的事情，增强自我认同感。自信是建立在曾经的成功之上，无论是哪方面的成功，都可以增强我们销售时的自信心。

一项调查发现：自信有70%属于天生的，或在某种特定环境下逐渐形成的；有30%是通过训练逐渐形成的。大家也许会觉得自信只有30%可以通过训练获得，占的比例太小。其实，一个人只要能调动15%的自信，就可以与客户无障碍沟通，胜任销售工作。如果你缺乏自信，从现在开始，就要刻意做一些自信方面的训练，努力提高自己的自信心。

克服胆怯心理，敢把产品卖给大人物

如果你问任何一名销售人员一个问题：你在以往的销售过程中害怕过大人物吗？相信你会得到一个肯定的答案。实际上，即便是那些经验丰富的销售人员，第一次向大人物推销时也会感到畏惧。

在工作过程中，销售人员会遇到形形色色的人，这是销售工作的职业特点。当销售人员遇到那些声名显赫、有很高社会地位的大人物时，常常会因为胆怯而退缩，最后导致推销失败。和大人物预约见面时，许多销售人员往往刚听到大人物的声音就已经神色慌张，不知道该说些什么，说出的话前言不搭后语，支支吾吾的，甚至紧张得愣在原地。

其实，大人物也是人，没有我们想象的那么可怕。作为一名销售人员，在推销过程中也许会遇到许多比我们优秀的人，如果遇到大人物，销售人员应该调整心态，用自己的实力征服对方，会更容易使我们达成交易。

许多销售人员最怕见那些学识、地位、经济状况比自己好的人，宁愿和那些资质平庸的人打交道。这些销售人员害怕见大人物的原因无非是担心他们有不可一世的优越感，轻视销售人员的推销行为。其实，大人物往往为人处世都很低调，很少出现因为销售人员身份低微而轻视销售人员的行为。

孟子说："说大人，则藐之。"这句话的意思是：见到大人物，要从心里面藐视他。销售人员和大人物的不同只是工作性质上的不同，不该在大人物面前感到自卑。销售人员不比谁矮一头，一样是凭自己的双手创造财富，所以没必要畏惧大人物。和大人物相遇时，要把自己摆在和他平等的地位上，而不是畏惧他。

乔·库尔曼是美国著名的金牌销售员，他说："许多年前，我刚踏上保险行业，特别害怕看到那些大人物，甚至因为恐惧而不敢出门。休斯先生是一家大型汽车公司的老板，也是我遇到的第一位大人物。休斯先生穿着十分讲究，看到他后，我觉得自己的声音在发抖。我的紧张程度无以言表，很久之后心情才平复，不过说话还是支支吾吾的，连一句完整的话都说不出来。"

乔·库尔曼在后来的回忆中说："想想以前干的那些蠢事，我觉得非常遗憾。不敢见那些大人物，缺乏推销的勇气，这让我失去了许多宝贵的机会。"

研究表明，遇到陌生人时，每个人的内心都有一些畏惧，如果遇到的是大人物，这种恐惧会表现得更加强烈。在大人物面前，如果你觉得畏惧，不如大大方方地坦然相告，让对方知道你的心境，也许能得到大人物的谅解，甚至鼓励。

作为一名销售人员，我们要学会消除对大人物的畏惧，因为只有不再畏惧那些大人物，我们的推销水平才能上升一个台阶。面对那些大人物时，不妨在心里暗示自己：大人物和小人物没什么不同，都是人，没必要畏惧。如此一来，相信你内心的畏惧也就不那么强烈了。

为了克服这种自卑心理，单靠在家里对着镜子说"我非常自信，我不怕"是没有任何作用的。与其对着镜子暗示自己，不如多找几位大人物，和他们多接触几次。其实，只要能多接触大人物，自信自然而然就建立起来了。大人物见得多了，也就不会被他们身上的光环迷惑，更不会害怕他们的权势。

因此，畏惧见大人物，一直选择逃避，是销售人员最不应该做的。因为如果不敢和大人物接触，你就会被困在一个小圈子里，更加畏惧社会地位高的人，这会导致销售人员更加丧失自信。

　　试想，假如每天与销售人员接触的对象都是那些只能满足温饱的客户，而不是那些资金比较富足的大人物，又如何能取得高业绩呢？所以，销售人员一定要多和大人物接触，利用大人物的资源成就自己的业绩。

相信自己，挫折只是浮云

销售是一项极具挑战性的工作，平时不仅要不断学习，掌握扎实的专业知识，还要背负一定的销售任务，承受的压力远比其他工作大。这就需要销售人员具有良好的心理素质，有一定的承压能力，能及时调整心态，乐观面对工作中遇到的挫折。

当销售人员在工作中遇到挫折和困难时，要懂得管理好自己的情绪，不要因为一时冲动而做出令自己后悔的事，也不要因为内心浮躁而影响自己的身心健康，而是要有一颗乐观面对挫折的心，勇敢迎接挑战。销售工作是销售人员和客户之间的心理博弈，销售人员只有具备坚强、乐观的品性，才能在销售的道路上一路披荆斩棘，越过千难万阻。

对于销售人员来说，每天睁开眼睛首先想到的往往是当天的销售任务是多少，如何才能顺利完成任务。当然，除了销售任务带给销售人员的压力外，其他因素也会带给他们各种压力。

比如，销售人员往往需要自己承担并独立完成销售任务的压力。为了节约用人成本，许多企业都只派一名销售人员到一个区域负责相关工作，这就要求销售人员必须具备独立完成销售任务的能力。

又如，经常拜访客户的销售人员一天内也许会遭到多次拒绝，甚至遭到客户的侮辱，销售人员却只能打掉牙齿往肚子里吞，一个人承受压力。如果销售人员不能乐观面对挫折，经历几次失败后就彻底被打垮，从此一蹶不振，又怎么能做好销售工作呢？

1981年，一场罕见的金融风暴席卷美国，美国青年弗莱克的公司受到重创，弗莱克因为承受不了压力，最后选择爬上纽约帝国大厦的顶层，纵身一跃，结束了自己年仅26岁的生命。

弗莱克，曾经被誉为"最具潜力的年轻富翁"。就在大家以弗莱克为榜样，羡慕他的成就时，他却选择了一条极端的道路，以跳楼的方式结束了自己的生命。

在20岁那年，弗莱克从新墨西哥大学退学，最初在纽约的一家商场里打工，最后晋升为商场主管。为了让父母过上优质生活，弗莱克立志要拥有一家百货商场，而且要把它做成纽约最大的百货商场。仅用6年时间，弗莱克就凭自己的努力实现了当初的梦想，成了纽约最大的百货商场的老板。

弗莱克结束生命后，有人遗憾地说，假如他可以找到一家规模比较大的公司合并自己的商场，没准能渡过这个难关。还有人说，假如他心理素质好，可以乐观面对挫折，就不会选择自杀这条路。

史蒂夫·乔布斯说："人生中，一个人如果能够从挫折中站起来，那么就能将经历变成财富；如果倒在挫折中站不起来，那么挫折的经历就是一场灾难。选择灾难还是财富，完全取决于你面对挫折的态度。"的确，挫折伴随着我们的一生，乐观面对挫折是每一个人都要学的课程。销售人员更应该拥有积极乐观的心态，学会用积极乐观的态度面对工作中遇到的挫折。

然而，依旧有许多销售人员消极颓废，遇到挫折就一蹶不振，无法从过去的挫折中走出来。一般来说，消极的销售人员遇到挫折时，首先想到的是后退，在心里暗示自己：我无能为力了，找不到出路了，还是放弃吧！如果销售人员一直抱着这样的态度，就会错过一次又一次成交机会，在失败的深渊中越陷越深。乐观的销售人员则不然，他们在遭遇挫折时依然可以保持积极乐观的心态，发挥出巨大的潜能。

　　如果销售人员发现自己缺乏乐观的心态，不要轻易否定自己，认为这是一件不可改变的事情。实际上，销售人员完全可以通过心理训练的方式改变这种处境，也可以有意识地少和消极悲观的人来往，多和积极乐观的人接触，利用他们身上的乐观精神感染自己，调动起自己的积极心态。

热情是销售的灵魂

黑格尔说："假如没有热情，世界上任何伟大的事业都不会成功。"可见热情对成功的重要性。销售人员和客户交流时，也一定要带上热情，因为这种热情会感染客户，让客户对销售员的话深信不疑。实际上，在推销过程中，销售人员对产品的了解程度并不起决定性作用，销售人员的热情有时候反而更有效果。许多刚进入销售行业的新人，尽管缺乏丰富的销售技巧，却可以源源不断地把产品销售出去，不断刷新自己的销售业绩，究其原因，就是因为他们刚迈入销售岗位，对销售工作怀着极高的热情。

相反，对于经验丰富的销售人员来说，往往会出现这样一种情况：做销售的时间一长，渐渐有了懈怠的情绪，对待销售工作失去了往日的热情。不少销售人员对此都非常恐惧，觉得这是一种反常状态。其实，这种状态很正常，是许多销售人员都会出现的状态。

李先生是一名高档白酒销售员，在这个岗位上已经工作了十几年，具有丰富的工作经验。可是，最近他觉得自己没了工作热情，原因是碰到的顾客越来越挑剔，把他仅剩的热情消磨殆尽。他心想：只是没有热情而已，算不得什么大问题，对我的业绩影响不会太大。

眼看着顾客一个比一个难缠，自己的销售任务一直无法完成，李先生开始着急了，希望尽快把销售业绩提上去。但是，无论他怎么暗示自己要好好地和顾客交流，最后都没有任何效果，他依然提不起热情，还是像往常一样浑浑噩噩地度日，和顾客交流时冷冷淡淡的。

看到这种情况，销售部主管把一名刚参加工作的小王交给李先生带，请李先生教他一些销售技巧。小王刚进入销售岗位，对白酒销售具有极大的热情，学习时兴趣浓厚，给顾客讲解时细致入微，甚至亲自制作了一本介绍白酒知识的小册子，每遇到一位顾客就拿给对方看一下。通过这种方式，小王的销售业绩稳步提升，甚至在最近一个月还成了公司的销售冠军。

看到自己的徒弟业绩这么好，李先生非常纳闷，把小王找来问："小王啊，你推销白酒时是按照我教你的方法吗？"

小王回答说："没错啊，用的是您教我的那套话术，方法完全一样。"

李先生好奇地问："既然这样，为什么顾客都愿意通过你购买白酒，却不愿意通过我购买呢？咱们使用的话术可都一样啊。"

小王回答说："李叔，其实我早就想跟您聊聊了，我觉得咱们的话术已经天衣无缝，但是您热情却不高，这样会给顾客一种不近人情的感觉，只会让顾客敬而远之，怎么会有顾客呢？"

李先生仔细琢磨小王的话，终于意识到热情的重要性，开始想办法改变自己的工作态度。

许多公司为了调动销售人员的热情，设立了各种奖励制度，但是效果并不明显，不少销售人员工作时依然提不起精神。面对这种情况，销售人员应该通过以下几个方面提高自己的工作热情。

1. 做好职业规划

销售人员进入一个行业、进入一家公司前，都应该做好职业规划，根据自己的专长和缺点寻找适合长期发展的行业和公司，弄明白为什么选择这个行业，想清楚这家公司具有什么样的吸引力，这种选择的发展前途在哪。等把这一切都想清楚后，销售人员就可以坚信自己的选择，矢志不渝地走下去。因为这是分析各种综合因素，互相比较后才选定的行业和公司，带有一定的客观性，所以是比较正确的选择。做出选择后也能投入极大的热情。如果没有做好职业规划，工作不久后就会失去热情，或者稍微遇到一点困难就会退缩。

2. 制定合理的工作目标和工作计划

销售人员要确立工作目标，制定详细的工作计划，并按照工作计划安排日常工作。在工作的过程中，可以根据实际情况不断修改目标和计划。需要强调的是，制定目标和计划必须以实际情况为基础，过高的目标或过于完善的计划一旦完成不了，都会打击工作热情。不过，也不能把目标和计划制定得过低或过于简单，否则完成目标和计划时缺乏挑战性，也会让自己松懈。应该制定一个合理的工作目标和工作计划，付出一定的努力后能够实现，这样才有助于培养工作热情，增强自信心。

3. 全身心地投入工作

要想保持持续高涨的工作热情，就要克制各种干扰因素，全身心地投入工作。等在工作岗位上取得优异的成绩后，成就感和优越感就会油然而生，自然也就有了工作的动力和热情。一般来说，取得优异成绩的销售人员更容易赢得他人的尊重，而这种尊重则会给销售人员带来持续的热情。

全身心地投入工作，才能从工作中找到乐趣，有了乐趣，才能对工作充满热情。爬山的人都有一种体验：虽然往上爬很累，但过程充满激情，直到爬到山顶，激情才逐渐消退。所以，销售人员达到销售目标后，不要止步不前，而要重新制定目标，向另一座更高的山的山顶爬去。

野心越大，销售的潜力就越大

拿破仑说过"不想当将军的士兵不是好士兵"。销售工作也是如此，如果没有野心，就不会全力以赴，自身的潜力就激发不出来，销售自然也做不好。因此，销售人员如果没有当"将军"的野心，就只能沦为平庸之辈，他的销售业绩永远都不会有大幅度的提升。

心有多大，舞台就有多大。销售人员有了野心，才能获得伟大的销售业绩。回顾历史，我们会发现，那些具有深远影响的人，无一不是野心勃勃的人。一位好莱坞的富翁在接受一家电台采访时透露，每一个奇迹都是野心创造出来的，野心永远都是一剂特效药，穷人之所以贫穷，就是因为他们缺乏野心。

巴拉昂通过推销装饰肖像画挖掘财富，在短短的十年内成为法国著名的大富翁，成为一名年轻的媒体大亨。由于病魔缠身，巴拉昂在1998年因患前列腺癌，在法国博比尼亚医院去世。临终前，他留下一个问题："穷人最缺少的是什么？"并留下一百万法郎作为奖金，奖励给那个揭开问题答案的人。

巴拉昂在遗嘱中透露，他生前曾经是一个非常贫穷的人，去世时却变成了一个十分富裕的人。他不想带走成为富人的秘诀，决定在进入天堂之前把这个秘密公布于众。于是，他把秘密锁在一家银行的私人保险箱里，由一名律师和两名代理人分别保管开启保险箱的三把钥匙。如果有人回答出这个问题，猜中穷人最缺少的是什么，这笔钱就奖励给他。

大多数人觉得穷人最缺少的是金钱，因为有了钱就成了富人了，还有一些人觉得穷人最缺少的是机会、技能、帮助等。最后，一个9岁的小姑娘猜中了答案，获得了这笔奖金。在颁奖时，有人问这位小姑娘："你为什么猜的是这个答案？"这位小姑娘回答说："我姐姐带着一位高富帅的男朋友回家时，总是告诉我不能没有野心，所以我觉得野心应该能把一个人想要的东西赐给这个人。"

在生活中，我们说一个人很有抱负时，就说这个人有雄心壮志，而不是说这个人有野心。"野心"这个词一直以来都是一个贬义词，常常让人联想到"狼子野心"之类的词，说一个人有野心，似乎是说这个人的占有欲很强，喜欢抢别人的东西。即便如此，心理学家研究发现，野心是一个人获得成功的关键因素。

因此，销售人员应该具备一种野心：有我在，必须让客户选择我的产品。这种雄霸市场的野心是自信的表现，是成功的必然条件。想要做一名优秀的销售人员，一定要有这种雄霸市场的野心。大家常说狼子野心，狼之所以能称霸草原，就是因为拥有这种野心。同样的道理，销售人员想要超越竞争对手，实现100%成交的目的，也要具备这种野心。

一家小药厂的销售员为了推销自己的产品，对一位客户说："我知道你们一直在用一家著名药厂的产品，那家厂子的规模比较大，知名度比较高，所以你们比较热衷于和这家厂子合作。我们厂子的规模比较小，知名度比较低，自然难入您的法眼。不过，我们厂子的产品疗效更好，许多患者都给予极高的评价，相信与我们合作能让你们的信誉大增，同时给你们带来丰厚的利润。"

然而，客户不为所动，根本没把这名销售员的话放在心上。

这名销售员不弃不馁，底气十足地继续说："您不敢和我们合作是因为不放心我们的产品，对我这个登门拜访的陌生人心存顾虑，这很正常。这样吧，产品好不好，不能只听我一家之言，我带来了一些样品，您尝试一下，既是给我一个机会，又是给您自己一个机会。等您验证之后，自然能明白我们的产品优势在哪里，对我这个人的人品也就放心了。"

听到这里，客户同意尝试一下，给彼此一个机会。最终，客户对这家小厂的产品非常满意，这家小厂生产的药品逐渐进入客户的柜台，取代了那家大厂生产的产品。

野心是成交的基础，也是成交的前提，销售人员要想实现100%成交的目的，必须要有野心。开拓市场时，推销产品时，只有那些有野心的销售人员才能在竞争中脱颖而出。

人的潜力是无限的，销售人员野心越大，发挥的潜力也就越大。野心能够为销售人员提供持久的毅力，帮助销售人员成交每一单，实现业绩的腾飞。

东方销售之神柴田和子：用心对待每一次可能成交的机会

在全球寿险界，如果谈到谁的销售业绩最好，大家往往会说西方的班·费德雯、东方的柴田和子，由此可见柴田和子在寿险领域的地位。

柴田和子进入"百万圆桌会议"前，日本只有原一平达到"入会"要求。1988年，柴田和子就因为连续九年荣获日本寿险行销的"三冠王"而被收录在《吉尼斯世界纪录大全》一书中。1989年和1990年，柴田和子连续担任了"百万圆桌会议"的会长。

柴田和子曾说："陌生的拜访者总让人心存戒心。"相信不少人都有过这样的体验：当一个人在家里时，如果有陌生人突然登门拜访，无论他说什么，我们都会心存戒备，不敢相信对方的话。

"陌生拜访"，也就是在没有预约的情况下向陌生人推销的一种营销方式，这是一种成功率很低的营销方式。柴田和子曾说："对我来说，陌生拜访的成功率几乎为零。在训练、学习期间，我曾经在半天内拜访了17个客户，却连一个客户都没能争取过来，根本拿不到单子。要问我为什么会这样，我觉得主要是因为人们对陌生的拜访者戒心太重，讨厌他们打扰自己的正常生活。"柴田和子则会看情况选择各种推销技巧来打破这种销售困境。

柴田和子善用激将法，并把它作为自己的主要话术技巧。有很多人明白保险的必要性和重要性，但是又下不了决心。遇到这种情形，柴田和子会这样对他们说："你打高尔夫球输5万，打麻将输3万也不皱一下眉头，可是要你每月缴5万日元的保费就舍不得。如果你是这样弄不清孰轻孰重的人，怎能期望你将来出人头地呢？"听到柴田和子的话，大部分的人都会含糊地说："那么我和太太商量以后再答复你吧！"这时候，柴田和子就会继续激将："最近的男人好像都变得婆婆妈妈的，可是我相信你不是这样的。总之，请你现在就将这张保单填一填，如果你的夫人说不行，我就将它作废。一般所谓人上人，大多是即知即行的，不知道你是否算得上人上人，但我相信你是。"

　　一般来说，每次柴田和子一番激将后都会见效。对方总会给自己找个台阶下，签单就有希望了。除了善用激将法，柴田和子还自创了"红灯话术"和"猴子话术"，这些对她销售业绩的达成都起到了巨大的作用。

　　有人说，柴田和子是天生的保险推销员，她好像天生就会和各种各样的人打交道。然而实际上，没有谁天生就该做什么，柴田和子的成功，最大的秘诀就是"用心"两个字而已。柴田和子把自己的成功总结为两个字——服务。在每年的感恩节，她都会为客户送上一只火鸡。因此，人们都称她为"火鸡太太"。她把自己的成功归结为以下两点：

　　（1）只要你想要，没有什么不可能的。

　　（2）服务是销售致胜的关键。

　　用心服务，你才能成功签单，得到客户回馈的佣金；用心学习，你才能从每一次签单中获得巨大的知识财富。当你秉持着这样的想法时，你遇见的每一个客户或准客户，都是你成功路上的贵人！

绝对成交

第二章
卖产品，就是
"卖自己"

销售人员要想取得不错的业绩，首先要赢得客户的信赖，而要想赢得客户的信赖，那拥有良好的人品、专业的知识、得体的装扮、基本的礼仪则是不可或缺的重要因素。成功推销自己是有效影响客户的基础，善于自我推销才能吸引客户的关注，所以说，卖产品就是"卖自己"。

充分表现好人品，客户才放心

研究发现，优秀销售人员的业绩是普通销售人员业绩的几百倍，仔细研究背后的原因，发现它与年龄、长相、性格、经验的关系不大，真正起决定性作用的是销售人员的人品。

销售人员要想取得不错的业绩，就要赢得大家的信赖，而赢得大家的信赖并不是一件容易的事情，它需要销售人员人品好、讲诚信、重信誉。想要赢得大家的信赖，销售人员就要不断检视自己的行为，努力做到言必行，行必果。

一位销售培训师对自己的学生说："可以把冰箱卖给因纽特人的销售员算不得是一名优秀的销售员，因为如果这个因纽特人发现上当后，就再也不可能愿意看到这名销售员。假如这名销售员再回到那里卖其他东西，就无法赢得客户的信赖。"

假如你不信任某个人，是否愿意从他那里购买产品呢？也许你不会。同样道理，你的客户也是这样的心理，也不愿意从不信任的人那里购买产品，可见建立良好的信誉有多么重要。为客户提供优质的服务，履行自己的诺言，恪守诚实的品性，才能赢得客户的信赖。

在推销过程中，假如丧失信用，成交也就无从谈起了。真正的推销高手不是欺瞒客户，而是以诚为本、有一说一，注重自己的品行。

有一名销售员，在销售领域非常成功，每次登门拜访客户时都说："给我10

分钟时间，10分钟后我就离开。"得到客户的允许后，他就开始向客户介绍自己和自己的产品，介绍的时间严格控制在10分钟以内。到了约定时间，他就会起身告辞："约好的10分钟已经到了，我该走了，多有打扰！"假如双方谈兴正浓，客户往往会建议他多留一会儿，此时，他会对客户说："既然如此，您就再给我10分钟时间，10分钟后我再离开。"等到了时间后，他会再次起身告辞。

这名销售员一直保持着这个习惯，凡是认识他的客户都知道他的这个习惯。许多客户发现他很守信，所以愿意和他合作，有合作的机会时首先想到的就是他。

对销售人员来说，赢得客户的信赖是最重要的，但是无论采取哪种方式，都要从细枝末节着手，不断建立自己的信誉，进而赢得客户的信任。

如今，竞争越来越残酷，只有守信誉的销售人员才能在残酷的竞争中取得最后的胜利。也就是说，销售人员只有守信誉，才能在自己的岗位上立于不败之地，那些不守信誉的人注定会被市场淘汰。

例如，口才好、了解产品知识、了解企业文化的销售人员，充其量只能算是三流的销售人员。这种销售人员能说会道，讲解产品知识就像在演讲一样，能把产品知识传达给客户，但是无法打动客户。而只会利用市场资源和客户资源的销售人员，则只能算是二流的销售人员。这种销售人员能利用各种资源，借助他人的力量达到成交目的，但是无法真正赢得客户的信任。什么是一流的销售人员呢？那些对客户真诚，讲究信誉的人，才是一流的销售人员。这种销售人员凭自己的人品征服客户，无论销售哪种产品，都能赢得客户的信赖。

那么，销售人员该怎样让自己有个好人品呢？

1. 不夸大其词

许多销售人员不尊重客观事实，介绍产品或服务时夸大其词，为了成交，不惜欺骗客户。其实，这种做法是在自掘坟墓，是不可取的。销售人员应该足够坦诚，与客户沟通时表现出真诚的态度，这样才能给客户一种值得信赖的感觉。有些销售人员为了追求自己的利益，在推销产品时夸大其词，故意误导、欺骗客户，最后只会使自己的名声越来越差。

2. 站在客户角度考虑

人品好的销售人员总能站在别人的角度上考虑问题，为了照顾客户的利益，不惜以牺牲自己的利益为代价。当销售人员能站在客户的角度考虑问题时，一定能打动客户，把客户发展成长期的合作伙伴。

吴先生是一家机械公司的业务员，给一位客户发货后，客户总是推说天气不好，所以不肯去取货。吴先生所在的公司一直催促吴先生抓紧时间催款，否则过了一定的期限是要罚款的。

吴先生又一次给客户打去电话："您好，李姐，我是给您发货的小吴。货已经到您那几天了，我之前催了您几次，事后想想自己太自私了，怎么能置李姐您的安全于不顾呢？雨天路滑，路上行车不安全，所以您还是等晴天再取吧，安全第一。"

客户李女士听了这番话，当天就把货取走了，并且把货款立即打到了吴先生的账户上。

后来，李女士多次通过吴先生订货，逐渐成了吴先生最忠实的客户，两个人合作越来越愉快。一次，李女士对吴先生说："小吴，你知道吗？其实你第一次给我发来的货，我已经准备推托不取了，所以一直找借口说我这里天气不好。不过，后来你告诉我安全第一，等晴天再取货，我一下就决定跟你合作了，因为我觉得你这个人能站在别人的立场上考虑，人品不错，销售的产品也差不到哪儿去。"

客户就是这么奇怪，你越催促，客户就越不当回事。相反，假如你能站在客户的角度考虑，相信客户也能站在你的角度考虑。

你够专业，才能打消客户的疑虑

我们都有这样的经验：打车外出时，总喜欢联系一名经验丰富的司机，因为经验丰富的司机技术好，开车更安全；给孩子选择培训班时，总选择那些专业的培训机构，因为专业的培训机构更正规，更让人放心。同样道理，客户购买产品时，也更愿意相信那些经验丰富、专业知识比较强的销售人员。

销售人员向客户介绍产品时，应该表现得像个专家一样，只有这样才能让客户觉得销售人员很专业，知道客户的需求。普通的销售人员只能通过表面现象找到哪里存在问题，找到客户的问题所在后，强行向客户推销。而优秀的销售人员则能通过发现客户的需求，掌握客户的真实情况，根据客户的实际需求提出一个解决方案。

专家型销售人员懂得站在客户的立场上，洞察客户的真实需求，帮助客户解决遇到的各种麻烦。也就是说，专家型销售人员销售的不是一种产品，而是一整套的解决方案。试想一下，如果销售人员缺乏基本的专业知识，客户遇到问题时一问三不知，怎么可能赢得客户的信赖呢？专家型的销售人员能够赢得客户的信赖，更容易吸引和打动客户，比普通的销售人员具有更强的竞争力。

孙女士是一家保险公司的推销员，一天，她突然接到一家大型公司总经理赵先生的电话。

赵先生在电话中说："不好意思，孙女士，虽然你一直在劝我购买贵公司的保险，但是我决定购买另一家保险公司的保险。对你来说，这也许是个坏消息吧！"

孙女士略感惊讶地问："赵先生，您之前不是已经同意购买了吗？怎么突然要购买另一家保险公司的保险呢？能告诉我您为什么改变选择吗？"

赵先生回答说："其实原因很简单，你们两家的产品都差不多，他们家的价格稍微便宜一些。"

孙女士在保险行业已经工作多年，对各个保险公司同类产品的价格非常了解，听了客户的回答后，立即对客户说："赵先生，也许您不信我说的话，但是我可以负责任地告诉您，在同类产品中，我们公司的价格是最低的。"

赵先生回答说："不可能的，你要是不相信的话，可以到我这来一趟，我把对方的价格给你看一下。"

孙女士愉快地答应了，等见到那家公司递上的计划书后，立即发现了其中的问题。原来，另一家公司的推销员为了个人利益，故意夸大了投保人的收益，误导了赵先生。于是，孙女士开始计算各个保险公司同类产品的价格，把详细的数据呈现在赵先生面前，让他自己做比较。

赵先生看到最后的数据后，发现孙女士介绍的产品的确是价格最便宜的，立即和孙女士签了合同。

每个客户都喜欢货比三家，喜欢拿着竞争对手的低价格说服销售人员降价。遇到这种情况，如果是那些缺乏经验的销售人员，很可能会手足无措，最多只是和客户讨价还价。但是，讨价还价不能从根本上解决问题，并不能让客户完全信服。相反，如果销售人员在自己的领域里足够专业，列出一份清晰的数据以供客户参考，就能从根本上打消客户的疑虑。

在客户眼里，既然是产品的销售者，自然是这个领域的专家。大多数情况下，能否赢得客户的信赖并非技巧问题，而是实力问题。客户所信赖的是销售人员的专业知识，所以销售人员应该掌握足够的专业知识，只有这样才能赢得客户的信任。向客户介绍产品前，销售人员一定要充分了解自己的产品，不管客户怎么问，都可以对答如流，不被客户的问题难倒。不过，达到这种境界并不容易，需要销售人员学习足够的产品知识，让客户知道你是专业领域的行家。只有具备足够的专业知识，才能成为客户的专业顾问；只有了解市场行情，才能客观介绍自己推销的产品有哪些优势。

虽然专家型销售人员能取得不错的成绩，但是销售人员很难达到这一步。想要成为专家型销售人员，不仅要具备专业知识和专业技能，还要具备端正的态度和积极健康的销售心态。也就是说，销售人员不能只想着自己的利益而不顾客户的利益，而应该站在客户的角度考虑，切实为客户着想。如果销售人员的专业知识过硬，能做好客户的专业顾问，就肯定能赢得大多数客户的信赖，进而促成交易。

销售人员最重要的不是把产品强推给客户，而是用自己的专业知识让客户知道你的产品有哪些性能，可以解决什么样的问题，帮助客户选择最适合他的产品。也就是说，销售人员必须具备专业知识，才能做好客户的专业顾问。

人靠衣装，用服装锁住客户的心

人与人之间的交往，第一印象往往占据主导地位。其影响力持续的时间也比较长，很可能影响事物的发展。从某种程度上说，销售人员给客户留下的第一印象直接反映了销售人员的内在修养和个人品质。在开始的几分钟内，客户通过第一印象决定是否留下来听销售人员把产品介绍完。如果客户不认可销售人员留下的第一印象，甚至不会给销售人员一个开口说话的机会。所以销售人员一定要注重自己的第一印象。

心理学家做过一个实验，让一位西装笔挺的人和一位衣衫褴褛的人分别在红灯亮起时横穿马路，观察有多少人跟在他们后面。研究发现，西装笔挺的人后面跟的人远远多于衣衫褴褛的人后面跟的人。心理学家由此得出一个结论：第一印象的80%来自着装。

"人靠衣装，佛靠金装。"对于销售人员来说，着装就像是商品的外包装，如果工作时穿衣打扮不修边幅，就很难赢得客户的信赖。一些经验不足、口才不好的销售人员更应该注意自己的仪表和着装，因为这些都可以为自己增加筹码，和客户见面时给客户留下一个不错的印象。相反，有些能力突出、口才非常好的销售人员却因为着装太随意而难以成交。

张先生是一家公司总经理，一次，他要和自己的合作伙伴洽谈业务。

合作方共有3人出面洽谈，其中一位领队的身穿绿色的军大衣，军大衣甚至是很长时间没有洗过的。随从的两名人员是一男一女。男的穿着一身运动服，脚上穿着运动鞋；女的刚进门就带来一股浓烈的烟味，呛得张先生想立即结束洽谈。

看到这一幕后，张先生大跌眼镜，没想到对方穿衣打扮这么随意，丝毫不讲究。张先生为了这次洽谈，特意穿着笔挺的西服，打着领带，脚上穿着黑得发亮的皮鞋。虽然对方提出的各项条件都很好，让张先生很心动，可是张先生无论如何都不肯继续合作，因为他觉得合作方的着装显得过于随便，根本没把这次合作当回事。

这原本是一场水到渠成的洽谈会，双方可以顺利成交，就是因为一方不注重穿衣打扮而导致合作终止。如果销售人员各方面能力都很强，让客户很感兴趣，却在穿衣打扮这些细节上不加重视，失去成交的机会就太可惜了。

为了仪表形象，许多优秀的销售人员不惜在炎热的夏季穿着西服，打着领带，可见对仪表形象的重视。着装是销售人员的外在形象，是一种身份的象征，销售人员约见客户时理应让自己的服装职业化。假如销售人员不注重自己的服装，能力再突出也很难赢得客户的信任，成交的概率将会大大降低。

销售人员经常要和客户近距离接触，这种工作性质决定销售人员必须注重个人形象。当销售人员和客户见面时，客户不可能一眼看出销售人员的个人信息和产品信息，却能一眼看出销售人员的个人形象。也就是说，客户对你的产品是否感兴趣，是否认可你这个人，很大程度上都是由你的个人形象决定的。假如销售人员注重自己的着装，给客户留下一个不错的印象，必然能节省大量说服客户的时间，提升自己的销售业绩。

销售人员知道着装的重要性之后，还要知道如何选择最适合自己的服装，并学会穿衣打扮。一般情况下，那些直接和客户打交道的职业需要销售人员穿职业装。西装、衬衣、领带、皮鞋是一个不错的选择，因为这种装扮让人觉得干净、利索、魄力十足。

男销售人员应该选择深色的西装和白色的衬衣，选用领带时应该选用中性色彩的，而不是那些花里胡哨的色彩。华尔街流传着一句话："永远不要相信穿着脏皮鞋和破皮鞋的人。"试想一下，如果销售人员跑业务时穿着一双又脏又破的皮鞋，会给客户留下什么样的印象呢？

女销售人员可供选择的衣服比较多，可以是很正式的西服，也可以是干净、整洁的裙装。选择裙装时应该选择长度适中的，太长影响走路，太短显得轻浮。一般不适合穿运动装，因为在正式场合穿运动装显得有些随便。

一位经验丰富的销售人员透露："最好的着装是比客户穿得好一点，这样既可以表现出对客户的尊重，又不会和客户形成太大的反差。如果销售人员的着装和客户的着装反差太大，就会在不知不觉中拉开彼此之间的距离。"有些销售人员只懂得见客户时应该穿西装，却不知道服装的选择要根据拜访对象的穿衣风格而定。虽然西装革履是一种不错的选择，但是这并非适合所有场合，而是应该多准备几套衣服，见什么样的客户就穿什么样的衣服，和客户保持一致总不会有错。

礼仪——成交的通行证

对于销售人员来说，礼仪是一切社交场合的通行证。在销售人员与客户交往的过程中，销售人员的礼仪发挥着越来越重要的作用。每个人都希望得到他人的尊重，这是人的高级精神需要，所以销售人员应该按照社交礼仪的要求行事，想方设法满足客户的这一需要。

对于销售人员来说，掌握基本的礼仪是一项必须具备的素质。不过，礼仪的表现形式多种多样，场合和对象不同，礼仪也各不相同，因此销售人员要懂得各种礼仪，把它们恰当地运用到工作中。

那么，销售人员应该注意掌握哪些礼仪知识呢？

1. 握手的礼仪

想要成为一名优秀的销售人员，就要多和客户接触，和客户握手是不可避免的礼仪。对于客户来说，握手环节非常重要，也有许多讲究。

首先，握手讲究先后次序，要按照双方所处的社会地位、身份和性别等条件来确定握手的先后顺序。一般上级和下级之间上级先伸出手，长辈和晚辈之间长辈先伸出手，男士和女士之间女士先伸出手，主人和客人之间主人先伸出手。所以，并非销售人员先伸出手就是尊重，而是要身份尊贵的一方先伸出手。

其次，握手的时候要掌心向左，不可掌心向下，否则会给客户一种压迫感，让客户觉得你太傲慢、粗鲁。另外，握手的时候要全神贯注，不能心不在焉，更不能左顾右盼，这些都会给客户留下一种不礼貌的印象。和客户握手时，最好用柔和的眼神看着对方的双眼，用这种方式表达自己的诚意。

再次，握手时不能戴着手套，否则会给人一种很不礼貌的感觉。另外，大多数人握手都习惯用右手，所以销售人员应该用右手和客户握手。握手的时间不可太长，也不可太短，可以维持在三四秒钟。一些销售人员往往会握着别人的手不松开，一边握手一边交谈，说的话没完没了，这很容易让客户感到厌烦。尤其是遇到女性客户，长时间握着别人的手不松开是一种很不礼貌的行为。

最后，和客户握手时不要用劲太大，否则会把对方弄疼，并且会给客户留下一种粗鲁的印象。和客户握手时，要整个手都握着，而不是指尖轻轻触碰，否则会让客户觉得你很敷衍，没有什么诚意。

2. 接递名片的礼仪

无论是双方洽谈业务还是销售人员向客户做自我介绍，都难免要互相交换名片。在工作中，名片具有十分重要的作用，销售人员理应给予足够的重视。

客户递上名片时，销售人员接名片的最佳方式是同时伸出双手。等接过名片后，应该专心致志地看一下名片上的内容，然后再收好。

销售人员递给客户名片时，要双手手指并拢，把名片放在掌上，用大拇指把名片的两端夹住，然后恭恭敬敬地递到对方胸前。递名片时切忌单手递给客户，更不能用指尖夹着名片递给客户。递名片讲究一定的顺序，一般情况下，应该先递给社会地位比较高的人，社会地位相等时优先递给女性客户。不过，递名片还要讲究由近到远依次进行，而不是把某个人隔过去，否则会给人一种厚此薄彼的感觉。

3. 接待礼仪

乔治·路德曾说："销售人员需要从内心深处尊重客户，不仅如此，还要在礼仪上表现出这种尊重。否则，你就别想让客户对你和你的产品看上一眼。"销售人员是产品的代言人，不管产品是否成交，销售人员的个人形象都已经在客户的头脑中留下了深刻的印象。所以，当客户到来时，销售人员要做好接待工作，注意接待时的礼仪。只有尊重客户，才能赢得客户的尊重，因此销售人员应该掌握一定的接待礼仪，做好客户的接待工作。

汽车销售大王乔·吉拉德：用名片随时随地推销自己

　　每一位客户都害怕被骗，都有强烈的防范心理，所以在销售的过程中最忌讳的就是刚开始就把自己的产品吹捧得非常好，却丝毫不顾及客户是否信任自己。其实，推销自己远比推销产品更重要，因为取得客户的信任才是推销产品的最好方式。

　　乔·吉拉德是著名的汽车销售大王，他认为，推销的重点不是推销产品，而是推销自己。为了阐述这一理念，他写了一部名为《怎样销售你自己》的书。乔·吉拉德说过："如果在众多推销工具中要我选择一项的话，我可能会选择名片。"

　　乔·吉拉德被誉为"世界上最伟大的推销员"，被许多销售人员称为"推销之神"。

　　一次，他来到中国做一场演讲，台下挤满了前来聆听教诲的观众。刚进入会场的观众都会被工作人员问及一个问题："您好，请问您有乔·吉拉德的名片吗？"假如观众回答说"没有"，工作人员会立即双手奉上一张乔·吉拉德的名片。在短短几分钟内，每一位观众都能收到乔·吉拉德的名片。

　　众多销售人员翘首以盼，希望乔·吉拉德把成功的诀窍分享给大家。在大家热烈掌声的欢迎下，乔·吉拉德终于登上演讲台。他看了看周围，然后大声说："亲爱的朋友们，有人想知道我为什么取得成功吗？"

　　"想，我们都想知道！"一时间，台下一片沸腾。

　　乔·吉拉德问："既然想知道，请问你们收到我的名片了吗？"

　　台下的观众齐声喊："收到了！"说着举起了手里的名片。

　　乔·吉拉德一边从兜里往外掏名片一边说："那些还不够，我这里还有。"说着把名片撒向台下的观众，一把接一把地撒。然后对台下的观众说："这就是我取得成功的秘密，演讲到此结束，谢谢大家！"

乔·吉拉德成功的秘密很简单，就是随时随地推销自己，而疯狂发名片给别人是其中的一个重要环节。有人说，乔·吉拉德每个月都要给他人发一万多张名片，最多的时候甚至多达两三万张。就是凭借这种用名片随时随地推销自己的方法，乔·吉拉德的名声越来越响，许多人只要买汽车，第一个想到的就是给乔·吉拉德打电话。

任何一名销售人员都要想方设法用名片推销自己，让周围的人知道你是干什么的，推销的是什么产品。最好让大家有需要时能主动联系你，拿出你的名片来给你打电话。虽然许多销售人员都懂得给别人发放名片，但是并非所有销售人员都知道如何不被他人忽视的秘密，大多数情况下，销售人员总能在地上或垃圾桶里看到刚发给他人的名片。乔·吉拉德发放名片的方式却与众不同。

乔·吉拉德到商场购物时，经常对迎面走来的人说："您好，我叫乔·吉拉德，专业销售汽车的。"就算是在餐厅内就餐，他也不忘拿出两张名片放在账单上。每次去餐厅吃饭时，乔·吉拉德给服务员的小费总是比其他客人多一些，然后放下两张名片。服务员看到他给的小费比较多，自然对他从事的工作充满好奇，因此会看一下他的名片。时间久了，乔·吉拉德成了人们热议的人物，大家都想看看他到底是一个什么样的人，买汽车时都不由自主地想打电话给他。

为什么很多客户宁愿排长队也要通过乔·吉拉德购买汽车？难道他卖的汽车和其他销售人员卖的汽车有什么不同？对此，乔·吉拉德向人们透露："我销售的是世界上最好的产品，因为我销售的是乔·吉拉德。"

乔·吉拉德曾经说："要想到客户购买汽车的钱是他们辛辛苦苦挣来

的，他们大多是不富裕的工薪阶层，他们很多人把买车看成是一生最大的一笔投资，他们希望自己的钱花得值得，他们希望自己的购买行为被别人看作是明智的选择。所以，客户会怕你，害怕你欺骗他们，而这一行很多行骗的故事更加深了客户对销售人员的不信任，所以，首先让客户信任你，消除他的顾虑和担忧是非常重要的。"

一般情况下，很少有客户愿意跟不明来历的销售人员做交易，所以销售人员要懂得自己的工作并不是销售产品，而是销售自己。取得客户的信任后，推销产品就成了一项自然而然的工作。

绝对成交

第三章
快速发现潜在客户，是做好销售的基本功

寻找潜在客户是销售人员首先要做的工作，因此，销售人员要具备识别潜在客户、锁定潜在客户的能力。随着科技的进步和信息的发展，销售人员可以通过多种途径寻找潜在客户。要想提高成交率，销售人员就要具备把每一名潜在客户都变成忠实客户的能力。

练就火眼金睛，识别潜在客户

在销售过程中，寻找潜在客户是销售人员首先要做的工作，因为只有确定了潜在客户的位置后，才能明确销售的对象。销售人员应该首先确定自己的市场区域，然后寻找潜在客户，经常和潜在客户联系。

当销售人员决定向一名客户推销产品时，首先要知道他是否属于潜在客户。另外，销售人员还要弄清楚这个人购买产品的可能性有多大，是否具备购买产品的经济实力。一般来说，销售人员希望把产品或服务销售给谁，谁可能购买这种产品或服务，谁就是销售人员的潜在客户。寻找潜在客户可以避免盲目选择造成的时间和精力的浪费，帮助销售人员提高销售效率。

王先生接到一个电话，是一名销售人员打来的，目的是推销一款笔记本电脑。

销售人员说："您好，先生，我们正在做一个调研，能耽误您两分钟时间吗？"

王先生回答说："没问题，请讲。"

销售人员问："请问您经常使用电脑吗？"

王先生回答说："没错啊，我经常使用电脑。平时工作几乎离不开电脑，生活中也经常使用电脑。"

销售人员问："请问您使用的是台式电脑还是笔记本电脑？"

王先生回答说："台式电脑。我不需要出差，不用随身携带，所以喜欢用台式电脑，家里的笔记本电脑已经闲置很久了。"

销售人员问："近期我们公司正在做一款笔记本电脑的促销活动，不知道您是否有兴趣参与？"

王先生说："我觉得你不是在做调研，而是在推销笔记本电脑，对吗？"

销售人员不好意思地回答说："也可以这么说吧，不过……"

王先生打断他说："不好意思，我现在使用台式电脑就好，没有使用笔记本电脑的习惯，所以我觉得你没必要继续说下去了。"

销售人员不依不饶地说："先生，我觉得这是一次非常难得的机会，如果错过就太可惜了，希望您再考虑一下。"

王先生已经有些生气了，强压着怒火说："不用了，谢谢！"

销售人员依然不愿意放弃，接着说："先生，这次机会真的很难得，我觉得您应该给我一个机会，也给您自己一个机会。"

王先生愤怒地说："我说过了不需要，你不要再这样纠缠我。你告诉我你在做调研，我才和你聊，早知道你是推销笔记本电脑的，我早就不和你聊了。"说完便挂断了电话。

王先生没有使用笔记本电脑的习惯，在电话中已经表明家里的笔记本电脑已经闲置很久了，这些信息充分表明王先生并非潜在客户。销售人员没有察觉到这些信息，不依不饶地推销笔记本电脑，完全不顾王先生是否需要，最后不仅浪费了大量精力，还自取其辱。

其实，销售人员大部分时间都在寻找潜在客户，许多优秀的销售人员在成交后都会说一句："有需要的朋友可以帮我推荐一下。"潜在客户的多少直接影响销售人员的业绩，所以对销售人员来说，能否判断出潜在客户是非常重要的。那么，如何判断出潜在客户呢？

1. 客户是否有钱买

具有购买能力的客户才是真正的潜在客户，才是销售人员的重点销售目标。

销售人员向客户推销前，首先要判断客户是否有购买力，能否买得起推销的产品。如果对方是一个想购买却没钱的人，销售人员付出再多努力也只是白费力气，无法实现成交。

比如房子，虽然每个人都想要房子，但是并非人人都有买房的实力。购买房子的群体一定有许多共同点，假如房产销售人员把目标锁定为那些勉强维持生活的低收入家庭，怎么可能有好的销售业绩？

不过，假如客户具有潜在的购买能力，信誉度比较高，只是因为某些突发状况才导致资金一时周转不开，销售人员就要把他们列为潜在客户。遇到这种情况，销售人员可以主动帮助解决客户遇到的支付问题。例如，可以建议客户使用信用卡，或者向客户推荐一些其他支付方式。

2. 客户是否有购买权

单有购买力还不够，还要看客户是否有购买权。如果购买主体是一个家庭，销售人员首先要做的是分析这个家庭的各种微妙关系，寻找这个家庭的当家人；如果购买主体是一个公司，销售人员首先要做的是了解该公司的内部结构和各种人事关系，寻找该公司的决策者。假如销售人员不顾这些细节因素，盲目向客户推销，很可能会适得其反，最后无法成交。

不过，这并不是说除了当家人和决策者之外的其他人不重要，是可以忽略的对象。实际上，销售人员完全可以利用当家人和决策者之外的其他人说服当家人和决策者，帮助他们行使自己的购买权。

3. 客户是否有需要

购买力和购买权是两个必不可少的基础，可是，假如对方不需要某个产品，销售人员说得天花乱坠也没用。产品质量高、价格低并不能促使所有人都购买，对方有购买力和购买权不一定就愿意购买，还要考虑对方是否有需要。比如，愿意购买打印机的往往是一些公司，如果销售人员向普通家庭推销打印机，结果可想而知。同样道理，愿意购买奶粉的往往是一些家庭，如果销售人员向公司推销奶粉，结果肯定不理想。假如对方不需要销售人员推销的产品，就算他有钱购买，有权利购买，一样不是潜在客户。

不过，客户是否有需要并不是一成不变的，优秀的销售人员可以为客户创造需要，而不是仅仅停留在满足客户的需要这一低级层次。

多途径寻找潜在客户，不要一条道走到黑

正所谓"条条大路通罗马"，寻找潜在客户的道路绝不止一条。随着科技的进步、信息的发展，销售人员可以通过多种途径寻找潜在客户。既可以通过身边认识的朋友寻找潜在客户，也可以通过向客户发放宣传资料寻找潜在客户，还可以通过网络寻找潜在客户。下面，具体介绍几种寻找潜在客户的途径。

1. 通过认识的人寻找

每个人都不可能完全生活在一个封闭的环境中，而是有许多认识的人，即便是那些不喜欢与人来往的人，也不可避免地有一大批同学和朋友，至少会有一些亲戚和家人。对于销售人员来说，这些都是最宝贵的资源，销售人员可以通过这些人寻找潜在客户。

销售人员寻找潜在客户，最快速的方法就是通过熟悉的人挖掘。也许销售人员的某个朋友不需要你提供的产品或服务，但是这并不代表销售人员的某个朋友的朋友也不需要这种产品或服务。优秀的销售人员应该懂得利用资源，通过自己的朋友结识更多的人。可以把自己的工作告诉身边的亲朋好友，获得他们的理解和支持，请他们帮助寻找更多潜在客户。

假如你的亲朋好友刚好需要你提供的产品或服务，你就应该尽快和他们联系，因为他们是最信赖你的潜在客户。当然，假如你的亲朋好友不需要你提供的产品或服务，也要试图多和他们联系，因为他们自己不是你的潜在客户，但是他

们的亲朋好友也许能成为你的潜在客户。

2. 连锁介绍法

乔·吉拉德是一名汽车销售大王，平均每天能销售五辆汽车。之所以能做到这一步，就是因为他使用了一种寻找潜在客户的超级方法——连锁介绍法。连锁介绍法，指的是凡是别人介绍客户给他，他就向介绍人支付一定的介绍费，通过这种方式发展更多客户的方法。

乔·吉拉德认为，有些人经常接触那些有意购买新车的客户，比如汽车厂的修理工、保险公司的职员等。通过这些人，乔·吉拉德能拉拢更多潜在客户，提高自己的销售额。

需要注意的是，使用这种方法时，需要制定合理的介绍费，并严格按照约定支付介绍费。乔·吉拉德说："首先，我会要求自己遵守承诺，及时把介绍费支付给介绍人。假如买车的人没有提介绍人的名字，介绍人来找我并对我说：'我给您介绍了一名客户，为什么没收到您的介绍费？'我就会真诚地对他说：'非常抱歉，您介绍的人没有提您的名字，我现在就把钱给您。'"

3. 结识身边的陌生人

乘坐公交、地铁时，在旅游景点旅游时，在餐厅就餐时，都有机会结识身边的陌生人。不知道销售人员是否尝试过和这些陌生人攀谈？销售人员一定要多掌握一些结识陌生人的技巧，主动和身边的陌生人交朋友。虽然并非每一个新结识的朋友都能和你成交，但是不可否认，这些人中肯定有潜在客户。

为了顺利结识身边的陌生人，销售人员可以"投其所好"，拉近双方的关系，从而让沟通顺利进行。优秀的销售人员应该经常学习新知识，及时了解新闻动态，不断发掘新话题，把话说到对方心里，成为一名善于结识身边陌生人的交际达人。刚开始接触陌生人时，对方往往有一种抵触心理，销售人员可以用自己的热情和真诚消除对方的抵触心理，并利用对方的好奇心引导对方发问。如果对方对你的工作感到好奇，你就可以双手递上一张名片，并介绍说："我长期做销售工作，如果您或您的朋友将来需要我们的产品或服务，也许我能有幸为您或您的朋友提供帮助。"

经常结识陌生人，可以让你不断积累人脉，认识那些原本几乎不可能认识的人。也许这些人对你销售的产品或提供的服务不感兴趣，但是与他们结识后，他们可以给你介绍他们的亲朋好友，让你的成交量不断增加。

4. 与同行交换客户资料

同行手里有大量客户的资料，销售人员彼此之间可以互相利用，所以应该多接触一些同行，和他们搞好关系。假如彼此之间不是竞争关系，就可以达成合作意向，结交为朋友，互相交换客户资料。这种方式既有利于拓展人脉，又有利于提升销售业绩，值得销售人员投入精力。

跟进潜在客户，刺激客户的购买欲望

研究发现，首次约见潜在客户就能顺利成交的比例仅占5%，也就是说，跟进潜在客户才是销售工作的重心。作为一名优秀的销售人员，在日常工作中不断掌握跟进的方法和技巧是一项必须要做的工作。

跟进潜在客户的前提是已经和潜在客户见过面，假如和潜在客户没有过约见的经历，就很难在跟进过程中取得优异的成绩。所以，销售人员应该约见潜在客户，增进彼此之间的了解，这样才能在跟进潜在客户时赢得对方的信任。

那么，如何跟进潜在客户呢？一般来说，跟进潜在客户分转变性跟进和长远性跟进。

1. 转变性跟进

转变性跟进指的是预约并拜访客户，通过这种方式最终成交。客户的态度不同，跟进方式也不同，因此称其为转变性跟进。

有的客户对产品的质量比较认可，有着浓厚的兴趣，之所以不愿意立即购买，是觉得产品的价格稍微有点贵，希望销售人员主动把价格降一点。对于这种潜在客户，销售人员要打消他们的顾虑，多收集一些同类产品的价格，让他们做个比较。如果客户不肯妥协，可以用精确的数据告诉他们这种产品的成本，让客户信服产品的价格。假如客户依然不肯妥协，最后可以适当降价，以求顺利成交。

　　有的客户对产品的质量和价格都比较认可，可是因为某种原因导致资金一时无法到位，所以没有购买的能力。对于这种潜在客户，销售人员可以帮客户想办法，解决客户遇到的问题。不过，销售人员要学会观察，因为这类客户不会主动告诉你自己没钱买。为了不让这类客户流失，销售人员可以根据客户的信誉度决定是否可以让客户先提货，等资金到位后再付款，或者说服客户先交一部分订金，等资金到位后再补齐货款并提走产品。

　　有的客户对产品没有深入了解，还没有做出最后的决定，徘徊在买和不买之间。对于这类客户，销售人员要多介绍产品的特色，让客户知道它都有哪些好处，因为产品给客户带来的好处才是客户最注重的问题。等客户对产品有了深入的了解后，购买欲自然会增强。

2. 长远性跟进

　　长远性跟进指的是那些短期内不会购买，但是一段时间后有购买可能的客户。这类客户有的已经购买了同类产品，暂时没有购买的需要，有的对产品不认可，没有兴趣购买。虽然销售人员无比热情，但是这类客户不会因此改变初衷，属于成交率比较低的一类人。既然如此，是不是可以放弃这部分客户呢？当然不是，事实上，长时间跟进这类客户后，有可能签到大单。不过，销售人员跟进这些客户时，不能跟得太紧，否则有可能会引起反感，影响与客户之间的关系。可以在逢年过节时给客户发一些祝福信息，平时多和客户沟通，逐渐拉近和客户之间的关系。

　　无论是转变性跟进还是长远性跟进，都要跟紧客户，但是又不能让客户产生厌烦情绪。销售人员可以每周给客户拨打一次电话，每个月拜访一次客户，记住客户重要的个人信息。比如，客户的生日、结婚纪念日，或客户家人的生日等。就算交易不成功，销售人员也要和客户经常保持联系。有些销售人员只注重和交易成功的客户联系，却不注重和交易不成功的客户联系，这样无异于彻底丢失了一部分客户。做生意讲究的是交朋友，客户最信任的人也是朋友，所以销售人员应该多交朋友，广积人脉，不断拓展自己的业务。

　　总之，销售人员应根据不同客户采取不同的跟进手段。对有兴趣购买的客户及时跟进，尽快电话联系或拜访客户；对犹豫不决的客户要采用适当的方法沟通，并加强产品的宣传力度。销售人员可以根据客户的实际情况，把客户分为有兴趣购买、暂时不买和永久不买等几种类型，再根据不同类型区别对待。

突破重围，寻找重要的决策者

寻找潜在客户之前，首先要判断他是否有决定购买的权力，许多销售人员最后没能成交，就是因为他们寻找的客户没有决策权。如果对方没有决策权，就不是我们要找的潜在客户。

一般情况下，公司里的高层往往是决策者，与他们联系能建立一些强有力的相关联系。不过，直接寻找决策者有一个坏处，那就是有可能迎来彻底的拒绝。另外，如果所寻找的高层还需要更高级别的人做决策，更高级别的人就很难接触了。

假如你想尽各种办法，最后成功说服一个客户购买你的产品，却发现他没有决策权，那么你的付出也就没什么意义了。真正的决策者开始考虑你的产品时，极有可能把订单取消，或者把你的产品重新退还给你。一旦到了那个时候，你前期付出的一切将变得毫无意义，所有的付出都前功尽弃，不仅浪费了时间和精力，还增加了销售成本。因此，寻找重要的决策者在销售工作中占据着十分重要的地位。

那么，如何才能寻找最重要的决策者呢？

寻找潜在客户前，先搞清楚公司的决策流程，因为大多数公司都设置了很多部门，各部门之间具有复杂的关系。而销售人员要想搞清楚公司的决策流程，在最短的时间内找到决策者，直接询问对方无疑是最快捷的方式，效果也最显著。例如，可以直接问："王经理，这个项目的负责人是您一个人，还是您和其他人一起呢？"

小吴和小郭都是刚入职不久的销售员，两个人对销售工作热情都很高。不过，仅有热情还远远不够，工作过程中依然会遇到很多烦心事。

小吴向同事抱怨道："我有一个客户，费了很大的劲才从竞争对手那里抢来，为了说服他，我什么招都使出来了。他说，对我推销的产品很感兴趣，计划从我这儿进货，连进货的数量都告诉我了。可是，没想到半路杀出个程咬金，他的领导吩咐他更换了进货渠道，眼看着一个大单就这么没了，心疼死我了。"

小郭也抱怨说："我也遇到过这种事情。有一次，我挨门挨户去推销产品，遇到一位特别挑剔的女士。她拿样品试了试，还问了我很多有关产品的问题，我都事无巨细地一一解答。就在她决定购买时，她老公突然下班回来了，死活不让她买，我白白耗费了半天工夫。"

小吴和小郭之所以无法成交，就是因为没有找准决策者，虽然投入了大量时间和精力，却没有把产品成功销售出去。

每一名销售人员都不希望自己碰到上面例子中所发生的事情，可是大多数销售人员都不可避免地遇到类似的情况。是否购买是客户的权利，交易失败的责任不能让那些没有决策权的客户承担，而应该由不能准确识别决策者的销售人员承担。

每一个行业都有一定的特点，同一行业内的决策流程几乎相同，或者彼此间相差不大。向那些有着丰富经验的销售人员请教，能在很大程度上给你帮助，让你在最短的时间内找到公司的决策者。

在寻找决策者的过程中，销售人员会接触到很多人，但是最终的决策者往往只有一两个人，销售人员的核心任务就是把这一两个决策者找出来。当然，销售人员不可能一开始就找到决策者，在寻找的过程中难免接触一些无关紧要的人，如果销售人员可以好好利用这些人，对寻找决策者将有很大的帮助。

值得注意的是，有时候企业的负责人未必就是关键的决策者。例如，销售的产品涉及费用问题时，后期的签约回款很可能会涉及财务问题，此时，也许决策者就成了财务主管。又如，公司总经理也许把权力给部门经理了，决策者自然也就成了部门经理。这些都是销售人员应该注意的问题。

房产销售大师汤姆·霍普金斯：人人都是你的客户

20世纪60年代，美国心理学家斯塔利·米尔格兰姆提出"六度人脉"的概念。他指出，在这个地球上，所有人都可以通过六层以内的熟人链和其他任何人联系起来。也就是说，如果你愿意，只需要通过六个人，就可以认识世界上的任何一个陌生人。

"六度人脉"诠释了我们的人际关系，告诉我们一个道理：世界上的任何一个陌生人，都可能是你的潜在客户。销售离不开人脉，人脉越多，成交的机会就越多，销售业绩也就越好。因此，销售人员要以积极的方式对待遇到的每一个人，把每一个人都当作自己的客户。

汤姆·霍普金斯被赞誉为"当今世界第一推销训练大师"，是全球推销员的模范，训练过500多万名学生。大学辍学后，他在建筑工地做苦工，一直在扛钢筋。但是，汤姆·霍普金斯觉得世界上应该有一种比这更好的谋生手段，于是开始尝试做销售工作。

刚进入销售领域时，汤姆·霍普金斯连续遭遇6个月的失败，在经济方面十分紧张。在最后关头，汤姆·霍普金斯决定拿出仅剩的一笔积蓄，参加世界第一激励大师金克拉的培训班。这个培训班只有短短的五天时间，却成了汤姆·霍普金斯命运的转折点。之后，他潜心学习公关学、心理学、市场学等课程，并学习各种推销技巧，很快就取得了令人震惊的销售业绩。

在房产销售领域，汤姆·霍普金斯的年销售额常常居于首位，平均一天就可以销售一幢房子，仅用3年时间就赚了3000万美元，成为吉尼斯世界纪录地产业务员单年内销售最多房屋的保持者。

汤姆·霍普金斯为什么能获得如此高的荣耀，成为房产销售领域的领头羊？其实，他的秘诀并不复杂，除了刻苦学习，他还坚持每天寄10封感谢信给不同客户。他说过："我寄100封感谢信，最后就有10笔生意成交。通俗地说，有100名潜在客户，其中就有10名忠实客户。"他一直给客户寄感谢信，最终赢得许多人的信任，客户量自然不断上升。

刚踏入销售行业的人经常为找不到客户而苦恼，不知道谁才是自己的潜在客户。汤姆·霍普金斯无疑给销售人员指明了方向：人人都是你的客户。通过广告、网页、出版物、聊天软件等渠道寻找合适的销售对象，收集名单和联系方式，不断给他们发信息或发邮件。

一次偶然的机会，乔·吉拉德的朋友提到一个有意思的数字：在每个人的婚礼或葬礼上，前来参加的朋友大概都是250人。得知这一点后，乔·吉拉德得出一个大胆的结论：在每一位客户的背后，都站着大约250名客户。假如销售人员把产品卖给一个人，但是他对这个产品不满意，他背后的大约250个人都会贬低这个产品。相反，假如销售人员把产品卖给一个人，他对这个产品非常满意，他背后的大约250个人就会褒奖这个产品。按照这个规律，在这250个人中，每一个人的背后也都有250个人。假如按照这个规律推演下去，那一项产品的影响将是巨大的。这就是著名的"乔·吉拉德250定律"。

总结出这个定律之后，乔·吉拉德一直牢记这个定律，努力控制自己的情绪，即便被客户激怒也不愿怠慢客户，更不会因为心情不佳而在客户面前表现出不耐烦的样子。

乔·吉拉德说："假如我每个礼拜都接待50名客户，只要有两个人对我的服务不满意，那么到了年底，不在我这儿买汽车的人就会多达5000名。我已经从事汽车销售15年，如果按照这个时间推算，不在我这儿买汽车的人足以坐满一个大型体育场了。"

　　由此可见，销售员要常常提醒自己注意自己的情绪，不要因为客户的刁难而怠慢客户，更不能因为不喜欢客户或自己心情不好而怠慢客户。尤其是对待潜在客户和非潜在客户时，不能只把重点放在潜在客户身上，而理所当然地认为非潜在客户是可以放弃的。其实，每一个人都可以成为我们的客户，那些非潜在客户一样是销售的目标。

绝对成交

第四章
客户类型不同，要使出不同的撒手锏

　　在销售过程中，不同类型的客户因为年龄、性别、文化程度、经历和兴趣爱好不同，在心理状态上必然存在很大的差异。因此，销售人员就不能采用一成不变的方式来应对，而是要用敏锐的眼光找出每一类客户的心理弱点，转变他们的态度。

干练型客户——直奔主题

干练型的客户不喜欢拖泥带水、做事不干脆、说话啰里啰唆的人，他们往往说一不二、不拘小节，属于豪爽型、喜欢和他人打交道的人。许多销售人员之所以无法和干练型的客户达成交易，就是因为这些销售人员不明白干练型的客户最喜欢的是干净利索，而不是含含糊糊。

对于干练型客户来说，时间就是金钱，每分每秒都可以做很多事，所以他们特别看重自己的时间。可是，一些销售人员不懂得这个道理，在他们面前东拉西扯，说一大堆和产品毫无关系的东西，原本两三分钟就能完成的交易，最后用了一个多小时，怎能不令他们厌烦呢？干练型客户的日程往往排得非常满，也特别紧凑，不喜欢那些啰里啰唆的销售人员。

乔·吉拉德说："作为一名销售人员，要想达到自己的目的，你就一定要尊重和理解客户的时间观念。不仅要珍惜自己的时间，还不能随便浪费客户的时间。"假如在推销的过程中碰到干练型客户，销售人员应该怎么向他们推销呢？

首先，销售人员应该多找出客户的资料，对客户有一个整体的了解。假如销售人员对这干练型客户缺乏了解，就贸然向他介绍产品，很可能会导致自己陷入被动局面。陷入被动局面对销售人员很不利，有些经验丰富的销售人员正是因为陷入了被动局面才和客户谈不到一块，最后导致无法成交。

其次，假如已经知道客户是干练型的，销售人员也要让自己显得干练一些，给客户留下一个不错的印象。可以剪个短发，穿上深蓝色的西服，把皮鞋擦得锃亮，手里拎个皮包，在客户面前动作规范，给客户留下成熟、稳重的印象。

再次，和客户交谈时，不可拐弯抹角。因为干练型客户都喜欢做事爽快的人，最讨厌和婆婆妈妈的销售人员打交道。面对这种客户，销售人员要开门见山，刚走进办公室就说明自己的来意，直接介绍产品的卖点，比起其他产品有哪些优势。

最后，和干练型客户约见时，不可迟到，更不能无故爽约。干练型客户最看重时间，无法容忍那些不遵守时间的销售人员，说两点到就不能两点半到，说上午签单就不能等到下午再签单，说周三送货就不能周四才把货送到。假如销售人员拖延时间，在客户心中的印象就会一落千丈。

刘经理是一家中外合资公司的执行总裁，常年生活在国外，这种经历让他养成了做事雷厉风行的风格。他说话快人快语，做事干净利索，属于典型的干练型性格。

刘经理的这种性格让他的许多合作伙伴都觉得很苦恼，不知道该如何和他交往，但是吴先生是一个例外。吴先生是刘经理的长期合作伙伴，深受刘经理的喜爱，为什么会这样呢？

原来，每次和刘经理谈合同时，吴先生都会开门见山地说："刘经理，咱们都是爽快人，我就不啰唆了，直接说我的两个方案了。"

刘经理听了这话很开心，对吴先生说："好的，对我的脾气，直接说，然后咱们各自忙自己的事。"

吴先生删繁就简，用凝练的话总结出自己的方案，并把解释说明书留下，对刘经理说："这是我准备好的解释说明书，您有不明白的地方，先看一下目录索引，然后找到相应的内容，咱们就谈到这里吧，什么时候签合同我等您电话。"

两个人之所以产生了长久的合作关系，和吴先生开门见山的说话方式不无关系。

干练的客户比较喜欢做事爽快的销售人员，所以对待干练型客户，销售人员也要有干练的做事风格，这样才能赢得客户的认可，甚至被客户奉为知己。相反，假如销售人员的做事风格和干练型客户的做事风格大相径庭，后果可想而知。

和干练型客户谈合作时，销售人员应该直接开门见山地谈主题内容，尽可能用简明扼要的话解释清楚自己的目的。假如发现问题已经得到解决，就要立即结束谈话；假如发现问题尚未解决，要征求客户的意见，询问是否可以延长时间，并商定延长多少分钟。

有时候，销售人员可能会遇到客户突然临时有事，需要尽快结束谈话的情况。可是，由于销售人员要讲的内容还没有讲完，匆匆说完又无法达到预期的目的，所以需要更改时间。其实，遇到这种情况，乔·吉拉德的建议非常好，他说："你可以抬手看一下手表，然后对客户说：'抱歉，先生，早知如此，我就早一些预约您了。我现在很想和您继续谈下去，可是又不能耽误您的时间。作为推销员，我懂得见客户要提前预约，所以我现在想和您再预约一个时间，只需要一个小时就行，您看定在什么时候？'"

销售人员说话坦率、体贴，充分表明了对客户的时间多么重视，同时给客户一种非常专业的感觉。干练型客户最吃这一套，很可能会给销售人员一个机会，约定下一次会面的时间，因此，销售人员约见干练型客户要记得四个字：遵守时间。千万不要啰里啰唆的，说得太多反而不利于成交。

节约型客户——用"白菜价"征服他

在如今这个商业社会，随着商品越来越丰富，许多客户都有了挑剔心，总是趋向于选择那些物美价廉的商品。也就是说，同样的商品，谁的价格最低，谁就能拥有一大批固定的客户。

"一分价钱一分货"，客户追求的不只是价格低廉，还有质量上乘。也就是说，客户追求的是性价比，是物美价廉。销售人员不只要让客户看到产品的价格，还要让客户看到产品的价值，让客户看清楚产品的性价比。

花最少的钱买最多的商品，这是许多客户都希望实现的目标，尤其是那些节约型客户。可以毫不夸张地说，那些节约型客户每次购买商品时，无一例外地会考虑到商品的价格，幻想如果商品能免费赠送给他们就好了。对于欠缺经验的销售人员来说，客户的节约是一件令人头疼的事情，因为这会增加销售人员的推销难度，降低销售人员的成交概率。

虽然和节约型客户打交道很困难，但是在销售经验丰富的销售人员眼里，把商品卖给这种类型的客户比卖给其他类型的客户可能性要更大一些，因为节约型客户最看重的是价格，只要销售人员打好价格战，就能顺利攻克这类客户。

说起报价，许多推销人员都会觉得非常纠结，因为报价太高会把客户吓跑，而报价太低又会降低自己的利润。对此，乔·吉拉德总结说：假如因为价格便宜而保证每天都多吸引一些客户，就会比只有几个客户以高价买走赚的钱更多。

每次谈到价格时，乔·吉拉德都会对客户说，他的报价比其他人的报价低1000美元，如果客户不相信，可以去其他经销店问一下价格。

等客户从其他经销店返回后，他首先会问一下客户其他经销店的价格是多少，然后做一个对比，给出自己的价格。假如其他经销店的价格非常高，他就可以兑现自己的承诺。可是，许多时候，其他经销店的价格和他的价格相差无几。此时，他就会把价格定到比其他经销店低50美元到100美元。

假如客户向乔·吉拉德抱怨说："你当初不是说要比其他地方低1000美元吗？"乔·吉拉德就会对客户说："我这款车的配置比那个多，这已经是全市最低的价格了，真的不能再低了。"一般到了这个时候，客户会接受乔·吉拉德的报价，因为毕竟他的报价比其他地方的低。

如果遇到那些特别看重价格的节约型客户，乔·吉拉德就会奉劝客户减少一些没有太大必要的选装配置，比如把空调去掉，或者把配置的规格降低，或者换一个功率小一点的发动机等。有时候，乔·吉拉德还会给客户推荐类似的车，这些车的成本相对低一些。他很清楚，就算是同一个厂家生产的外表一样的车，由于型号和配置不同，价格也会有所不同。

对付节约型客户，销售人员应该报出一个合理的价格，然后巧用对比，让客户意识到产品的价值，相信客户一定会购买的。物美价廉的商品谁都想要，更不用说是那些平时喜欢占点小便宜的节约型客户了。那么，如何才能让节约型客户觉得他购买的商品物美价廉呢？

一般情况下，销售人员可以使用促销、降价或回赠物品等方式，也就是我们通常所说的打折、送代金券或送积分卡。相比平时的价格，这时的价格可以低一些，给客户提供一个最佳的购买时机，激发客户的购买欲。

1. 打折

对付节约型客户，"清仓处理""全场一折""跳楼价""亏本处理"等字眼都具有很大的诱惑力，只要贴在商店门前，就能取得立竿见影的效果，所以谙熟客户心理的销售人员经常使用这种打折的策略。

其实，这是客户的贪便宜心理。假如销售人员懂得利用这种心理，就可以把挑战变成机遇，抓住节约型客户。例如，一些商店打出"本店一律五折，活动仅此一天"的广告语，从而吸引一大批客户光临，利用的就是节约型客户贪图便宜的心理。

2. 送代金券

代金券，指的是客户凭此券可以免付一定金额的现金的券。代金券同样是在利用节约型客户贪图便宜的心理，可以刺激这类客户的消费，提升销售业绩。许多销售人员为了吸引节约型客户，就向这些客户免费发放一些代金券，只要他们到店消费，就可以抵5元现金、10元现金、50元现金……

3. 送积分卡

积分卡，又被称为商业贴花，类别多种多样，总的来说，分为两种形式：一种是消费者要收集积分点券或消费凭证，达到一定的数量后可以免费兑换赠品；另一种是消费者多次购买某种商品后，可以凭积分免费领取一次。

女性客户——赞美肯定屡试不爽

赞美具有一种神奇的能量，可以改变一个人的行为。一个赢得别人赞美的人，就会觉得自己得到了他人的认可，从而变得更自信。相信没有哪个人不想听到他人的赞美，尤其是女性。

中国有句老话："人在一句话，佛在一炷香。"意思就是人人都喜欢听好话，喜欢听到他人的赞美。每一名客户的内心都藏着一颗虚荣的种子，都希望听到他人对自己的肯定和赞美。作为销售人员，赞美女性客户是取悦她们的最好方法。那么，销售人员该如何赞美女性客户呢？

可以赞美女性客户的着装、身材、发型、孩子、丈夫。例如可以说"你今天穿的衣服真漂亮""你的身材真好""你的发型非常好看""你的孩子真聪明""你老公真帅"。女人喜欢买衣服，赞美她的衣服就是在夸她的眼光好；女人特别在意自己的身材，赞美她的身材就是对她的肯定；女人都很注重自己的发型，赞美她的发型可以令她喜笑颜开；女人都很关爱自己的孩子，夸她的孩子聪明就能让她喜上眉梢；丈夫是女人的名片，夸她的丈夫帅就能让她兴高采烈。

吴先生是一家保险公司的推销员。一次，他去拜访一位陌生的客户，给他开门的是一位40多岁的中年妇女。她刚把门打开，具有识人能力的吴先生就发现，这是一位整天为家庭操心的贤妻良母，一定经常为自己的丈夫和孩子操心。于是，吴先生打算先赞美一下这位女客户。

吴先生微笑着说："您真够忙的！看您把自己的家打理得这么好，您的丈夫和孩子真是太幸福了。"

这位女客户回答说："我没有工作，只能在家做家庭主妇了，不像我丈夫，已经是一家大公司的总经理了。"

吴先生说："您谦虚了，都说'每一个成功男人的背后都有一个伟大的女人'，这话一点儿不假！如果不是您贤惠、持家，您丈夫在事业上不会如此成功的。我现在真羡慕您丈夫，竟然娶了一位这么美丽、贤惠的妻子。"

女客户说："美丽什么呀！今年都46岁了，孩子都上大学了，早成了黄脸婆了。"

吴先生故作惊讶地说："46？您有这么大吗？我看您头发乌黑，皮肤光滑、细腻，以为您比我大一两岁，差一点叫您一声姐，看来应该叫阿姨啊。"

女客户哈哈大笑，对吴先生说："小伙子，你和我儿子年龄差不多，不过说话比他好听。"

吴先生说："我只是实话实说而已，从您的皮肤来看，谁都会觉得您才二十几岁。"

就这样，这位女客户的戒备心没有了，吴先生很顺利地把商品卖给了客户。

女性客户感性、细腻，富于幻想，所以购买动机带有非常强烈的感情色彩。假如看到某款衣服很漂亮，立即就会幻想穿在自己身上会是什么样子，很快产生购买动机。购买商品时，女性的心理活动很容易受到外界各种因素的影响，如果销售人员可以利用这一点，适时给予赞美，就能促使女性客户购买商品。

和女性客户沟通时，销售人员的赞美可以拉近彼此之间的距离，有效地活跃销售气氛，给客户留下一个很好的印象，从而增加销售机会。不过，面对形形色色的女性客户，就算是出于好意的赞美，效果也未必如人意。所以，销售人员要把握好赞美的几项原则。

1. 真实可信

一些销售人员为了把商品卖给女性客户，往往不看实际情况，盲目赞美女性客户。例如，明明对方的皮肤很差，却盲目地说对方的皮肤很细腻、光滑；明明对方的服装很普通，却极力夸赞对方的服装流行。事实上，不切实际的赞美不仅无法取悦女性客户，还会让对方产生反感，因为在对方看来，这样的赞美无异于被人取笑。

2. 不可空泛

一般情况下，由于抽象的东西不够具体，所以很难给人留下深刻的印象。假如销售人员只是含糊其词地对女性客户说"您很漂亮"或"您的工作非常出色"，就不能引起客户的好感，因为客户会觉得销售人员很虚伪，说的话可信度不大。

3. 赞美要独特

"你很漂亮""你很有气质"之类的赞美之词已经被很多销售人员说过，很多女性客户已经产生"免疫力"，听到这种赞美后基本没有任何感觉。销售人员不妨换一个角度，注意观察客户不同于其他人的地方，让自己的赞美之词更独特。每个人都有不同于他人的地方，都喜欢别人注意到自己的不同之处，所以最想听到的赞美是那些比较独特的赞美之词。

犹豫型客户——主动提出一些小建议

心理学家认为，假如一个人优柔寡断，做事情犹豫不决，总是无法拿定主意，说明这个人意志薄弱。在销售工作中，销售人员遇到这样的客户，往往不知道如何应对，只能傻傻地等着这类客户做决定。因为这类客户做事情犹豫不决，上一秒刚做出购买的决定，下一秒就有可能放弃购买。

面对犹豫不决的客户，销售人员首先要知道客户为什么会出现这种现象，等了解清楚后，再具体情况具体分析，找出客户犹豫不决的原因。

一般情况下，犹豫型客户主要表现为：对销售人员推荐的产品基本满意，也有些心动，可是到了决定是否要购买的环节时，却表现得有些动摇，对产品的质量、款式和价格一遍又一遍地比较，到处找毛病，一直举棋不定。

在心理学上，心理学家把这种现象的原因解释为客户存在某种认知障碍。也就是说，由于客户缺乏必要的知识，没有相关的经验，因为拿不准而表现得犹豫不决。也许客户有过上当受骗的经历，所以此时显得特别谨慎，担心再次被销售人员欺骗。

犹豫型的客户和干练型的客户刚好相反，和销售人员交流时，这类客户有心买销售人员推销的产品，但是自己又无法做出决定，总是表现得很迟疑。此时，销售人员可以主动给客户提一些建议，可能只需要一个小小的建议，就能让客户做出购买的决定。

　　小李是一家保险公司的推销员，一次，他在推销保险的过程中遇到了一位犹豫型的客户。

　　小李对客户说："您就放心购买吧，因为您选购的保险和我购买的一样。你可以想一下，如果这个保险不好，我自己怎么会买呢？"

　　客户问："和你购买的一样？你们保险销售员也购买保险？"

　　小李回答说："没错呀，保险销售员和普通人没什么区别，也面临着风险，不购买保险，利益一样会受到损失。"

　　客户说："很多销售员都已经向我讲过这个险种了，但是我依然无法做出决定，不知道该不该购买。"

　　小李说："您还是不太放心，就让我再跟您讲一遍吧！假如您对这个险种比较满意，就购买；假如您依然不确定，就先不要购买。"

　　客户说："好吧，那我再听一遍。"

　　小李说："这个险种每年需要缴纳2530元，连续缴费20年，到期可以拿回5万元。"

　　客户打断说："每年2530元，连续缴费20年，也就是50600元，最后只能拿回5万元，那我岂不是吃亏了？"

　　小李回答说："虽然从表面上看您是吃亏了，可是您购买这个保险后，从第二天开始，您就相当于拥有了5万元的保障。"

　　客户说："虽说如此，但是我如果一直平平安安的，岂不等于白交了吗？"

　　小李回答说："没错。这就是我们经常说的花钱买平安。"

　　客户说："我觉得自己还是不买的好，因为我现在健健康康的，买了也用不到。"

　　小李说："您还是再考虑一下吧，千万不要留下遗憾。我建议您购买一份，花钱买个保障。"

　　客户说："我现在也很犹豫，不知道要不要买。"

　　小李说："您就听我的吧！买一份总不会有错的。"

犹豫型的客户自己拿不定主意，需要听一听销售人员的建议，所以销售人员应该主动出击，帮助犹豫型的客户做决定，一旦发现客户有些动摇，就要趁热打铁，让犹豫不决的客户做出购买的决定。

许多客户都或多或少有一些神经质，喜欢猜疑，常常想了一遍又一遍，不知道是否应该买。此时，销售人员的建议能给他们提供帮助，让他们做出购买的决定。假如客户很为难，不知道是否应该购买，销售人员却不管不顾，无疑是一种失职，同时也不利于提高自己的销售业绩。

客户都有一种心理：即便是想购买的产品，从口袋里掏钱时也很不情愿。尤其是那些犹豫型的客户，他们总是东挑西选，一会儿看看产品的颜色，一会儿看看产品的型号，一会儿看看产品的价格，一会儿看看产品的生产日期等，就是不做出购买的决定。此时，销售人员应该先不要谈订单的问题，可以先帮助客户挑选适合他的颜色、型号、价格等，解决了这些问题，成交就没那么困难了。

销售人员要用自己的情绪感染客户，因为销售人员的迟疑和犹豫都会通过眼神、动作和语言暴露出来，一旦被那些犹豫型的客户发现，这些客户就更难做出决定了。所以，销售人员要果断一些，十分自信地对客户说，这种产品正是他所需要的。

专断型客户——满足对方的控制欲

在生活中，我们经常会遇到这一类人，他们行事果断，态度坚决，喜欢独断专行，不愿意跟别人多说一句多余的话，当然也从来不会听从别人的意见或建议。

这类人考虑问题总是以自我为中心，希望别人能够认同和欣赏自己，更希望别人能够按照自己的意志去行事。在销售过程中，销售员遇到这一类型的客户常常十分头疼，因为这类型的客户总是有着自己的想法和主意，销售员很难说服他们。

小白是刚刚从学校毕业的学生，经过公司层层筛选及培训后，被公司分配到了客户霍总这里做汽车用品的分销工作。听公司的老员工讲，霍总这个人特别强势，很不好相处，所以被同事们称为"刺头"。每次实地拜访或电话联系时，他提的要求总是最多，问的问题也总是最多，因此就连公司的老业务员也不敢轻易"碰"他。既然公司已经做出了这样的安排，小白就抱定了"打不还手，骂不还口"的原则，相信自己如此应对，客户就算再难缠也应该能搞定。

第一天，小白到霍总的公司，霍总告诉小白第二天再去谈。

第二天上午，小白再次来到霍总的办公室时，对方却劈头盖脸地说："不是约你一早过来吗？看看现在已经几点了！"小白红着脸没有说话，但是心里想："看来这个客户工作还挺严谨的，以后要有时间观念了。"接着霍总给小白讲了他们公司的一些规章制度，安排小白先熟悉一下公司的环境，那做派俨然把小白当作自己的下属看待。

三天后，霍总安排小白与自己公司的业务员一起去二级市场做市场调查，在调查中，小白发现了好多新问题。调查结束后，小白和霍总聊了自己的所思所想。但是，霍总听了小白的建议后说："希望你把这些问题和建议用书面形式写出来，并且细化问题及其解决方案，不要流于表面，解决问题才是关键。"

小白一愣，心想："这个人怎么这样？态度冷淡也就不说了，怎么我好心给你提出业务改进的意见也这样颐指气使呢？"

在这个案例中，霍总就是一个典型的独断专行型的客户。其主要有两处表现：一是向小白宣布自己公司的规章制度，虽然小白并不是他的员工，可是他却霸道地安排小白的工作；二是小白不是他的下属，他却直接安排小白去做市场调查，甚至要求小白做书面的调查报告，这也说明了这个客户的霸道。

推而广之，这类型客户在选购商品的过程中，也往往不会说太多话，因而销售员不会得到太多的信息。但如果商品完全能够符合他的要求，他就会很快做出购买决定。在购买过程中，他们最多会提出这样的问题，比如"简单介绍一下产品的主要功能吧！""简单说说你的意见让我听听！""我觉得这个不合适，你能够帮我换一个更好的吗？"如果销售员不能对这样的问题给出确切的回答，那么他们基本会果断地选择离开。

在销售过程中，销售员要善于变换主客关系，把这类客户转换到主人的位置上，让客户自己来评判和选择产品。譬如，销售员可以说："先生，我看您很有主见和判断力，所以您喜欢哪种款式，想必早已心里有数了吧！"或者说："您对我们的产品了解得很清晰了，我想可以完全由您自己来选择，我就不用再多做介绍了。"这样就可以把客户推到主动的位置上来，让他自己说出自己的想法，既然是他自己所选择的商品，那么接下来的成交自然也就会顺理成章了。

但是，假如销售员在这类客户面前还采用一般的销售策略，只自顾自地给客户做介绍，甚至强制推销，那么客户的疑心就会加重，很可能会直接打断销售员的陈述，或者干脆提出很多问题来故意刁难销售员，以维护自己心中固有的看法，并极力排斥销售员，从而使自己重新处于主导地位。因此，对于专断型客户，销售员最佳的销售策略就是服从。比如，约见这类客户时，销售员一定要有时间观念，约好什么时间到就一定要按时赴约。在交谈中，要保持思路清晰，切忌拖泥带水，更不能闪烁其词或是词不达意。如果被他们发现你的话前后矛盾，那么你们的谈话只能以失败收场。在和这类客户交谈时，为避免发生不快或观点冲突，最好的方法就是不要和对方的观点对立或者在不恰当的时候提出反对意见，否则对方很容易因你的挑衅而恼怒，最终拒绝你和你的商品。

当然，销售员在面对专断型客户时，既要懂得满足对方的支配欲望，也要尽量减少与对方产生对立的情况，但还要适当地坚持自己的立场。销售员可采取以下策略有效应对。

1. 事先准备一套完整的应对方案

在销售工作中，销售员难免会遇到专断型的客户。首先，销售员要认识到专断型客户通常都是自信满满，思维严谨，立场坚定，办事迅速，所以你不要想着通过自己的说服去改变对方的想法，因为这类人对于他人的意见或建议很少采纳。基于这种认识，当在销售中面对这种类型的客户时，你要在恰当的时机将商品介绍给他们，让他们感觉到接受你的商品是他们自己的决定，从而有利于促成最终的成交。

2. 适应对方的谈话方式

专断型客户一般都会有些明显的口头禅，如"我认为""我觉得"等，销售员在面对如此强势的对话方式时，要拿出十足的耐心，不能表现出一丝的不满，否则很可能导致客户的不快，进而导致沟通中断。

3. 满足客户的控制欲

一般而言，专断型客户都是在单位或团体中身居主位的人，他们所处的地位导致他们的主观意识非常强，处事喜欢以自我为中心，但是由于他们又有事情的最终决定权，所以销售员在与他们接触的过程中要注意适当满足其控制欲，以便沟通顺利进行，从而最终获得订单。

寿险推销之神原一平：任何准客户都有其一攻就垮的弱点

　　寿险推销之神原一平曾说："任何准客户都有其一攻就垮的弱点。"作为一名销售人员，如果能抓住客户的弱点，利用这一弱点做出营销计划，就一定可以做好销售工作。

　　销售人员一定要牢记，我们不能利用客户的优点，唯一能够利用的只有客户的弱点。假如销售人员无视客户的弱点，只寄希望于客户对自己的产品或服务有一个公平的结论，无异于在赛场上等待裁判的裁决，简直就是自寻死路。也就是说，营销的本质不是别的，而是研究客户的弱点，根据客户的弱点攻破其心理防线。

　　有一名退役的军人，为人刚正、固执，脾气很大，和人交往时经常说一不二。许多销售员去他家拜访，最后都无功而返，所以大家得出了一致的结论：任何销售员都无法说服这个顽固的家伙。

　　原一平不信这个邪，下定决心一定要把保险卖给这名退役的军人。原一平明白，要想说服客户购买保险，首先要找到客户的弱点，给客户一个让他信服的理由。

　　原一平来到那名军人的家中，一番寒暄过后，直截了当地对他说："保险是必需品，每个人都离不了。"

　　那名军人毫不留情地说："年轻人确实需要购买保险，但是我就不一样了，我的年龄大了，还无儿无女，购买保险没有任何用处。"

　　原一平对那名军人说："你这种观念是不对的，我之所以这么热心地劝你买份保险，就是因为知道你无儿无女。"

　　那名军人一脸诧异地问："这是什么道理呢？"

　　原一平回答说："没什么道理。"

　　听了原一平的回答，那名军人甚是惊讶，冷哼了一声，说："假如你能找出一个令我信服的理由，我就购买你的保险。"

原一平小声说："人们常说，假如膝下无儿无女，妻子就会觉得很凄凉。既然是夫妻，就要给自己的妻子最优质的生活。假如有儿女在，一旦丈夫去世，还有儿女安慰他们的母亲，承担起抚养母亲的重任。可是如果没有儿女，一旦丈夫去世，妻子将无依无靠，生活肯定很凄惨。"

那名军人心中一酸，但是什么话都没说。

原一平接着说："刚才您说该买保险的是那些年轻人，这话我不敢苟同。如果年轻的丈夫因遭遇意外而去世，他们的妻子还有改嫁的机会。可是年龄大的人就不同了，一旦遇到意外而去世，让自己的妻子怎么活呢？"

那名军人终于被说服了，点头说："好，你的话很有道理，我投保！"

每个人都有弱点，即便是那些很难对付的客户，只要销售人员能掌握他们的弱点，就可以攻克他们的心理防线，让他们心甘情愿地接受你推销的商品。无论是哪种类型的客户，都有一套行之有效的销售方法。那么，针对不同类型的客户，具体该采用什么样的方法呢？

针对随和型的客户，销售人员不能施加太多压力，也不能急于求成，否则就会激发出对方的逆反心理。销售人员可以用自己的真诚和耐心赢得客户的信任，让客户接受你，而不是让客户觉得你在向他推销产品。

针对以自我为中心型的客户，销售人员不要试图改变客户的意愿，否则就会激怒客户。这类客户喜欢表现自己，做事情独断专行，对自己喜欢的商品情有独钟，不肯轻易接受销售人员的建议。销售人员应该把主动权交给客户，这样才能顺利成交。

针对爱慕虚荣的客户，销售人员应该多赞美几句，处处维护对方的面子。这种类型的客户最担心被人看不起，希望引起他人的重视，如果销售人员以"价格便宜"为理由向他们推销，很可能会适得其反。

　　除此之外，还有许多类型的客户，需要销售人员采取各不相同的销售方法。比如，销售人员可以用真诚和货真价实来打动精明的客户，可以用新鲜感征服外向的客户，可以用温柔赢得内向型客户的信赖。总而言之，每一种客户都有他的弱点，只要销售人员能够掌握这些弱点，就能攻破客户的心理防线。

绝对成交

第五章
初次见客户，瞬间
赢得对方好感很关键

当销售人员第一次向客户推销产品时，大多数客户往往会产生一种抵触心理，他们担心陌生的销售人员在诓骗自己。因此，销售人员想要说服客户购买产品并不是一件容易的事情。销售人员想要打动客户，就要学会和客户套近乎，打好感情牌。

称呼得体，让客户"芳心暗许"

中国向来是礼仪之邦，做什么事情都讲究礼仪。然而，有一些销售人员却不注重称呼的运用，以致称呼客户不当而错失成交的机会。第一次见到顾客时，要称呼得体，因为只有这样才能赢得客户的欢心，推进接下来的销售工作。称呼就像一把钥匙，只有称呼恰当，才能打开人际交往的大门。

称呼是一个人地位、身份、能力的象征，称呼得体可以让客户感到亲切，进而推进销售工作的顺利进行；称呼不得体则会引起客户的不满，甚至让客户勃然大怒，导致双方陷入尴尬的境地。

不同的销售人员，称呼方式各不相同，有称呼客户为"大叔、大妈、大哥、大姐"的，有称呼客户为"老板"的，有称呼客户为"美女、帅哥"的。有的销售人员懂得创新，见了年龄比较小的客户就喊"宝贝"，见了年龄相仿的客户就喊"亲爱的"，见了能力比较强的客户就喊"领导"，见了经验比较丰富的客户就喊"老师"。

在销售的过程中，销售人员恰当地称呼客户，让客户听着心里舒服，就能打开客户的话匣子，拉近彼此之间的关系。相反，假如销售人员对客户的称呼不恰当，让客户听着反感，客户自然不愿意和销售人员继续交流。

在销售的过程中，许多销售人员在各个方面都表现得非常好，最后却无法成交。究其原因，就是因为对客户的称呼不当。销售人员要懂得如何称呼客户，才能给客户留下一个好的印象，让客户感到亲切、自然，从而为成交打好基础。

那么，销售人员称呼客户时应该注意哪些方面才能使称呼更得体呢？

1. 客户的性别

生活中有许多人因为打扮的因素可能难以看出其性别，如果销售人员碰到这类人，不确定对方的性别，就不要贸然称呼对方为"小姐"或"先生"，否则就会得罪对方。那么，销售人员遇到这类客户该怎么办呢？不妨称呼一声"亲"，或者什么都不喊，直接对客户说"您好"。

小王是一家婚庆公司的采购员，全权负责公司的各项采购工作。一次，公司领导安排小王采购一批婚庆服装。

小王来到一家服装店，挑选好几件衣服后，刚要开口询问价格，店老板就招呼说："小姐，我们这批服装质量都是上乘的，价格……"

小王听到店老板喊自己"小姐"，顿时勃然大怒，愤恨地说："你喊谁小姐呢？有没有长眼睛啊？喊一个小伙子小姐？"

店老板听了声音才知道小王是个小伙，连声道歉。

小王模样中性，平时最讨厌有人把自己错当成女士，没想到店老板刚好犯了他的忌讳。虽然店老板连声道歉，但是小王依然怒气未消，把衣服狠狠地摔在地上，转身头也不回地走了。从此之后，小王再也没去过那家店，店老板因此失去了一个大客户。

上面例子中的小王原本已经挑选好衣服，证明他对这家店的衣服比较满意。如果店老板称呼得体，很快就能成交，为自己拉来一个大客户。之所以错失一个大客户，惹得客户勃然大怒，就是因为对客户的称呼不当。

2. 客户的职业

一般情况下，遇到司机、厨师、工人等，销售人员可以称呼对方为"师傅"；遇到警察、军人、干部等，销售人员可以称呼对方为"同志"；遇到农民，销售人员可以称呼对方为"老乡"。

如果销售人员见了司机师傅喊"老乡"，见了军人喊"师傅"，见了农民喊"同志"，结果会怎样可想而知。这种不恰当的称呼会给人一种不伦不类的感觉，最后肯定会引起客户的反感，导致无法成交。

3. 客户的年龄

称呼客户前，销售人员要考虑客户的年龄。如果遇到年龄比较大的长辈，应该尊称为"爷爷"或"奶奶"；如果遇到年龄相仿的客户，应该称呼对方为"兄弟""帅哥""美女""哥们儿""姐们儿"等。

一名销售员业绩非常好，月月都是公司的销售冠军。同事非常佩服他，向他请教销售的秘诀。他微微一笑，坦诚地说："哪里有什么秘诀啊，我不过是称呼客户时耍了个心眼，让客户比较满意罢了。第一次见到客户时，如果开门的是二三十岁的女性，我会问她：'小姑娘，你妈妈在家吗？'客户听到我喊她'小姑娘'，自然满心欢喜，往往心情愉快地把钱掏了出来。"

如果客户是三四十岁的女性，年轻的销售人员称呼她为"阿姨"，就会引起她的不满，推销的产品自然卖不出去。女性客户最忌讳销售人员嫌自己年龄大，即便是那些上了年纪的大妈也希望销售人员喊一声"美女"或"大姐"。这是做销售工作必须掌握的常识，销售人员只有充分利用客户的心理，才能赢得客户的欢心。

牢记客户姓名，瞬间攻破对方心防

一位心理学家说过："让人满足虚荣心的最好方法就是让他产生优越感。"每个人都有虚荣心，都希望自己能引起他人的重视，假如销售人员能记住客户的名字，就会让客户产生优越感，满足客户的虚荣心。

无论对于什么样的客户而言，最重要、最动听的字眼都是他的名字。戴尔·卡耐基说："一种最简单但又最重要的获取别人好感的方法，就是牢记他或她的名字。"不管客户有什么样的身份，年龄有多大，都希望销售人员能记住自己的名字。因此，初次见到客户时，销售人员要牢记客户的姓名和容貌。

业务员小李来到一家公司，目的是向这家公司推销公司新推出的投影设备。小李来到总经理办公室，刚进办公室就对总经理说："您好，马经理，我是……"

总经理没等他继续说下去，生气地对小李说："你应该认错人了，我不是马经理，也许你走错地方了。"

小李一脸茫然，说了声抱歉后退出办公室，发现办公室外的确写着"总经理"，于是他再次走进总经理办公室，对总经理说："没走错呀，您不是马志康经理吗？"

总经理回答说："你应该是认错人了，我们公司没有这个人。"

小李连忙说："真是不好意思，我可能记错名字了。我这次来您办公室是想向您介绍一款投影仪,相信这款投影仪一定能满足咱们公司的需要。"

总经理一口回绝了,对小李说:"对不起,我们现在暂时不需要投影仪。"

小李不依不饶地说:"这款投影仪是我们公司最新研发的,已经获得许多公司的认可,附近的几家大公司都已经使用了这款投影仪。这是一些介绍资料,我放您桌子上,如果您以后有需要可以联系我。"

总经理又回绝了他,对他说:"不好意思,我对这些不感兴趣,也许你可以把这些资料留给你要找的马志康经理。"

小李无功而返,因为叫错了客户的名字而没能成交。

优秀的销售人员会提前记住每一位客户的姓名,第一次见到客户就能准确地叫出客户的名字。在销售的过程中,准确地记住客户的名字非常重要,甚至有人把这种推销技巧称为记名推销法。美国著名的推销员乔·吉拉德总能精准地叫出每一位客户的姓名,就算是一些许多年没有见过面的客户,乔·吉拉德见到后也能准确地认出对方,似乎俩人是久别重逢的故友一样。

准确地叫出客户的名字,会让客户觉得自己很重要,能满足客户希望被他人重视的心理。记住客户的名字是非常重要的事情,而忘记客户的名字却是一件令人无法容忍的事情。从某种程度上说,能准确地叫出客户的名字,表现了销售人员对客户的尊重。客户更喜欢和那些能准确叫出客户姓名的人合作,因为那些销售人员表现得足够用心,足够重视客户。

泰国东方饭店历史悠久,已经存在100多年,属于世界十大饭店之一。这家饭店的生意非常火爆,几乎每天都没有空余的座位。假如客人想来这里就餐,需要提前一个月预订位置。这家饭店为什么这么火爆呢?这就要从它的服务说起了。

假如吴先生到泰国出差,来到泰国东方饭店后,迎宾会立即迎上来,然后笑着对他说:"欢迎光临,吴先生!"此时,吴先生会感到特别奇怪,为什么服务生知道自己姓什么?等吴先生疑虑重重地走进餐厅时,服务员会立即迎上来,面带微笑地对他说："吴先生，请问您坐哪里？"

　　其实，任何一位顾客来这家饭店就餐，迎宾和服务生都会记住这位客户的长相和姓名，等客户以后再来时就可以准确地叫出客户的姓名了。

　　初次见到客户时，营业员应该礼貌地问一声："请问您贵姓？"一旦知道客户姓什么，就可以牢记在心，反复利用各种机会称呼客户。除此之外，还要记住客户的相貌特征，方便客户下次光临时准确地认出客户。

　　销售人员应该把记住客户的姓名和职务当作一件十分重要的事情，每次认识新客户时都要牢记对方的姓名和相貌。世界上最美妙的语言不是对客户的赞美，而是准确无误地叫出客户的名字，让客户感受到他的重要性。

刚见面别谈生意，先套套近乎

在销售过程中，假如只是把产品信息传达给客户，就很难打动客户，这往往是销售失败的前兆。对于那些丝毫无法打动自己的产品，客户是不可能感兴趣的，尤其是初次见面的客户。推销产品前，假如销售人员先和客户套近乎，和客户进行情感上的沟通，就能瞬间把客户变成朋友，并能赢得客户的信赖，那么客户购买产品也就成了一件自然而然的事情。

所以成功的销售应该是有人情味的销售。假如销售工作处处散发着一股强烈的商业气息，销售人员初次见到客户就开始介绍产品信息，像背诵资料一样没有任何感情色彩，那么客户就会在心里产生一种抵触情绪，成交的概率就会降低很多。

对于客户来说，跟自己熟悉的朋友合作，肯定比跟陌生人合作更让人踏实。初见客户时，不要急着谈生意，而是要学会和客户套近乎，奉行"先交朋友，再做生意"的原则。

齐凤琳是一家百货商场的导购员。一天，王旗想买一个高压锅，走进这家百货商场时，刚好碰到站在高压锅旁边的导购员齐凤琳。

齐凤琳连忙迎上去，热情地问："您好，先生，请问有什么需要帮助的吗？"

王旗回答说："我想买一个高压锅。"

齐凤琳看了看王旗，惊讶地说："原来是您啊！"

王旗一脸诧异，试探着问："怎么，您认识我？我怎么没有印象了呢？"

齐凤琳显得更加热情了，连忙回答说："咱们住一个小区，经常在小区遇见您，只是没有向您打招呼，所以一直没能引起您的注意。"

王旗半信半疑地问："一个小区？那您说说我住哪个小区？"

齐凤琳满怀自信地回答说："天水嘉园小区，24号楼。怎么样，我没说错吧？"

王旗不好意思地笑了笑，回答说："还真是，不好意思，我这人平时太粗心，没有留意。这下算是认识了，以后可以常来往。"

齐凤琳连忙回应说："好啊，常来往。"

接着，齐凤琳不失时机地说："瞧我这个人！光顾着闲聊了，都忘了您是来买高压锅的。我帮您选几款质量比较好、价格比较实惠的，您自己决定买哪款吧！既然是朋友，我自然给您最低价。"

王旗高兴地说："好，多亏在这遇见您了。"

刚见到客户时，齐凤琳没有直接介绍产品的信息，而是充分利用和客户住在同一个小区的这一个特点，主动和客户套近乎，两个人由陌生人一下变成了朋友，接下来的销售工作也就水到渠成了。

经常购物的朋友不难发现，优秀的导购员总是能掌握一些套近乎的技巧，迅速和客户拉近关系。虽然一些客户原本没有购买的欲望，但是碍于情面，怕伤了彼此之间的感情，所以不好意思直接回绝。也就是说，一些客户购买某种产品并不是因为认可这种产品，而是不忍心让朋友下不来台，最后才不得不购买。

销售人员第一次见到客户时，可以询问客户姓什么，是哪里人，在哪里住等信息。只要销售人员肯用心，总能找到套近乎的方法，为成交做好铺垫。需要注意的是，套近乎时要自然一些，不能让客户觉得生硬，否则只会适得其反。

销售人员和客户交流的目的非常明确，就是要让客户购买自己的产品。不过，假如销售人员开门见山，在初见客户时就急功近利地介绍自己的产品，最终只会招致客户的反感。许多人在第一次见到销售人员时，都会莫名其妙地产生一种反感心理。所以销售人员在销售的过程中，应先和客户套近乎，赢得客户的信任后再进行产品的推销，以提高成交率。

　　一项研究表明，80％的成交业务是建立在彼此之间的交情上的。在质量、价格和服务都一样的情况下，销售人员要想在竞争中脱颖而出，就要凭交情。假如能把初次见面的客户变成你的朋友，属于你的订单自然不会被他人抢走。

　　因此，初见客户时先套近乎，这样才能迅速消除客户的抵触情绪，避免自己的销售行动被客户拒绝。总而言之，聪明的销售人员初见客户时，往往不谈及产品信息，而是努力消除客户的抵触心理，拉近彼此之间的关系。

打好感情牌，成交水到渠成

中国人讲究"滴水之恩，涌泉相报"，每个人都不喜欢欠别人人情，受到他人的恩惠时总希望找个机会回报对方。如果销售人员懂得利用客户的这一心理，第一次见客户时就打好感情牌，肯定能大大提高成交率。

刘先生是一家保健品公司的销售员。一天，他来到一个游乐场，发现一位孕妇坐在游乐场里的长椅上，一位满头银发的老太太坐在旁边陪着她。

刘先生装作很累的样子，对老太太说："大妈，我可以坐你们旁边休息一下吗？"

老太太慈眉善目，点头说："当然可以，请坐！"

刘先生致谢后坐下，对老太太说："如果我没猜错的话，旁边这位女士肯定是您的女儿，因为你们俩长得太像了。"

老太太笑着说："小伙子好眼力啊，她正是我的女儿，快要生了，所以我寸步不离左右，专门照顾她。"

刘先生竖起大拇指说："孩子出生后，您这位姥姥可是大功臣啊！不过孕妇不能长时间坐在椅子上，否则会损伤身体。我是一家保健品公司的销售员，平时对这方面的知识了解得比较多，这是我的名片，你们有什么问题可以打电话问我。送你们一份孕妇保健知识手册，没事可以多看看，对孕妇的身体有好处。"

老太太害怕刘先生向她们推销保健品，冲他摆手说："不，不！我们今天出门急，没带钱包，你还是送给别人吧！"

刘先生笑着说："大妈，您不用担心，这是免费送给你们的，我不向你们推荐保健品。我工作累了偶尔路过这，看您这么和善，所以送您的。不过，保健品对孕妇的身体的确有好处，您可以看一下这份资料。如果有需要就通过我买一些试用一下，不通过我也没关系的，能让您知道保健品对孕妇有帮助，我就已经知足了。'送人玫瑰，手留余香'嘛！"

刘先生通过免费赠送孕妇保健知识手册的形式推销保健品，不动声色地让客户受到恩惠。等客户了解保健品的功效后，如果想买一些，第一个想到的销售员肯定是刘先生这种热心肠的人。相反，如果刘先生刚见到这对母女就滔滔不绝地推销自己的产品，恐怕很难赢得对方的信赖。

不过，使用这种方式要注意一点：真情实意。虚情假意的销售人员一眼就能被人看穿，只有真正为别人着想，抱着助人为乐思想的销售人员才能得到客户的认可。

城市的上方被乌云笼罩，眼看就要下雨了，一位老妇人急匆匆地跑进一家百货商店，想在这里避避雨。老妇人穿着朴素，显得那么狼狈，所以每一个售货员都装作没看见一样。

一位年轻的小伙子看到了狼狈不堪的老妇人，对老妇人说："有什么需要我帮助您的吗？"

老妇人不好意思地笑了笑，回答说："真抱歉，我只是想在这里避避雨，雨停了立即离开。"借用人家的地方避雨，却不买任何东西，这似乎说不过去，于是，老妇人开始在商店里随便选一样物品，准备把它买下来。

那位年轻的小伙子把这一切看在眼里，善解人意地对老妇人说："您不用觉得不好意思，我给您搬来一把椅子，您先坐下休息片刻吧！等雨停了再走也不迟。"

老妇人非常感动，离开那家商店时，她特意向那位年轻的小伙子要了一张名片。

几个月后的一天，这个小伙子所在的公司突然收到一份神秘的信件，信中是一个令人振奋的消息。原来，那位狼狈不堪的老妇人是美国亿万富翁"钢铁大王"的母亲。她回到家后，多次想起那位热情的小伙子，所以决定帮助他。很快，那位小伙子成了百货公司的合伙人之一。又过了几年，那位小伙子成了"钢铁大王"卡耐基的得力助手，从此平步青云。

　　感情牌是初见客户的撒手锏，终有一天会给销售人员带来非常大的回报。从表面上看，销售人员的付出似乎看不到回报的希望，实际上并非如此。人非草木，孰能无情？客户不会轻易忘记销售人员的恩惠，受到恩惠后，肯定想通过某种方式回报销售人员，而客户回报销售人员的方式往往正是购买其推销的产品。

　　许多销售人员推销产品时不带任何感情色彩，总是板着脸，而优秀的销售人员则反其道而行，懂得打好感情牌，对每一位客户都十分热情。因为瞬间打动人心的是感情，在最短的时间内拉近彼此关系的方法是打好感情牌，感情牌永远都是初见客户的撒手锏。

幽默——客户不忍说"不"的撒手锏

幽默是智慧之花，可以增加销售人员的亲和力，打开客户的心扉。销售人员在工作中体现的幽默是自信的表现，也展现出自身的能力，反映了工作时的良好心态。每一名优秀的销售人员都应该灵活运用幽默这一说话技巧，使用幽默的方式增加自身的亲和力，从而更容易营造一个轻松的销售环境。

无数实践经验证明：轻松、自然的环境可以提高成交率。而幽默可以塑造这样的环境，其就像一把金钥匙，可以帮助销售人员打开成交的大门。所以，销售人员应该学习如何运用幽默来增加自身的亲和力，创造一个有极强感染力的环境，在最短的时间内打开客户的心灵之门。

情人节这天，两位单身男士在一家餐厅聚餐。此时，一个卖花的小男孩走了过来。还没等这个卖花的小男孩靠近，其中一位男士就冲小男孩说："我们两个都单身，没有女朋友可以送，所以你还是到别处卖去吧！"

听了这话后，没想到小男孩并没有知趣地离开，而是嬉皮笑脸地说："放心，虽然我是卖花的，但是这花我不卖给您。"

坐在左手边的男士非常好奇地问："你抱着这么多花走过来，今天又是情人节，你不卖花干吗出来？"

小男孩咧嘴笑了笑，冲他说："谁规定只有送给女朋友才能买花呢？其实男人之间一样能送花，喜欢谁就送给谁喽！今天我先送您一枝。"说完这话，小男孩拿出一枝花送给了他。那位男士非常尴尬，慌忙掏出钱买下那枝花。

坐在右手边的男士哈哈大笑，可是笑声还没有停止，小男孩就点起一支烟塞进他嘴里，然后双手把另一枝花送到他面前，对他说："这枝花不卖，我送给您。"

那位男士说："那我可真不买啊。"

小男孩笑着说："行！我送您一枝花，再给您捶捶背。如果您觉得不好意思，给点小费就成。"

那位男士乖乖地把钱掏出来了。

著名心理学家弗洛伊德曾说："笑能给予我们精神快感，它可以把一个充满能量和紧张度的有意识过程转化为一个轻松的无意识过程。"与客户沟通时，销售人员应该运用幽默消除客户的紧张情绪，为客户创造一个轻松的环境，为成交做好铺垫。

另外，初次相见时，客户往往会心存戒备，巧妙地运用幽默则可以帮助推销人员消除客户的这一心理。尤其是在遭到客户拒绝时，幽默可以化解尴尬气氛，赢得客户的信赖，拉近和客户之间的关系。

日本保险业的推销之神原一平身材矮小，向客户推销保险时经常遭到客户的拒绝。有一次，他向一位客户介绍说："您好，我叫原一平，是明治保险公司的业务员。"

客户无精打采地看了看他，发现是一个身材矮小的人，没好气地说："又是明治保险！我最讨厌的就是保险。几天前我刚轰走一个明治保险的业务员，看来今天又要再轰走一个了。"

原一平不为所动，开玩笑说："怎么样，我比昨天那位同事帅多了吧？"

客户严肃地说："他比你帅，个头也比你高。"

原一平说："辣椒越小越辣，矮个子的没有坏人。"

"你什么都不用说了，直接走吧！反正我是不可能投保的，说再多也没有意义，别在我这儿耽误工夫了。"

原一平说："您很体贴，谢谢！不过，请先听听我的介绍吧！假如我不能让您满意，就在您面前切腹自尽。拜托了，给我几分钟时间，行吗？"

客户来了兴致，忍不住哈哈大笑，问原一平："怎么？你真要切腹自尽？"

原一平回答说："没错，像现在这样一刀刺进去。"说完用手在肚子上做了个切腹的动作。

客户说："好的，我等着看你一会儿如何切腹，来吧！"说完，两个人一起哈哈大笑。

幽默就像润滑剂，当销售人员和客户之间出现摩擦时，它可以起润滑作用。销售人员要想办法逗笑客户，营造一个轻松的环境，方便彼此更好地交谈。假如销售人员能够用幽默逗笑客户，那么客户的对抗心理自然也就不复存在了，销售人员接下来的工作会轻松不少。

乔·吉拉德曾说："很难想象出一个缺乏幽默感的推销员会是什么样子，我想他的客户一定很不好受。"懂得如何把幽默运用到推销之中的人，才算得上是一个优秀的销售人员。

不过，销售人员运用幽默要适度，不可给客户留下一种轻浮、不稳重的印象，否则只会适得其反，不利于成交。有的销售人员把握不好幽默的尺度，本想逗客户发笑，没想到最后激起客户的愤怒，被客户轰走。

寿险大师乔·甘道夫：用独特的开场白抓住客户的注意力

销售人员在介绍产品时，往往第一句话最能引起客户的好奇心，而接下来的话效果就明显减弱了很多。也就是说，销售人员说完开场白后，客户已经有了决定，要么是给销售人员一个继续介绍产品的机会，要么是拒绝销售人员继续讲下去。

寿险大师乔·甘道夫曾说："不同凡响的开场白往往具有出奇制胜的效果。"不同的开场白具有不同的效果，开场白的好坏直接决定了销售的成败，好的开场白可以引起客户的好奇心，吸引客户的注意力，为自己争取继续销售的机会。

要想让接下来的销售变得轻松，销售人员就要设计一个独特的开场白，在最短的时间内吸引客户的注意力。乔·甘道夫之所以如此成功，就是因为他善用开场白引起客户的好奇心。

乔·甘道夫曾经拜访一个工厂的老板，刚来到老板的办公室，就递给老板一张名片，并对老板说："我觉得有必要让您知道我是谁。看一下我的名片，您会发现，我是百万圆桌协会的终身会员。在寿险领域，百万圆桌协会终身会员是最高荣誉，世界上的寿险业务员数不胜数，但是具有终身会员资格的不过几千人。"

听过这话后，工厂老板点了点头，表示对乔·甘道夫的赞赏。

乔·甘道夫接着说："看一下我的名片，上面印着'NQA'这三个字母，意思是跟我合作的客户至今还保持合作的已经超过90%，这说明什么？说明我很注重长远的合作，特别重视和准客户保持良好的关系，时刻关注着他们的动态。"

工厂老板看了看乔·甘道夫的名片，不解地问："你名片上的'CLU'又是什么意思？"

乔·甘道夫回答说："那三个字母的意思是，我具有人寿保险从业员的资格。"

听了乔·甘道夫的这番介绍后，工厂老板开始信赖他，最后成交了高额保单。

优秀的开场白包括问候、自我介绍和说明来意等内容，要做到简短、精练，达到瞬间引起客户的兴趣的目的，让客户愿意在繁忙的工作之余抽出一段时间听你的介绍。虽然优秀的开场白不一定能让客户选择你的产品，但是一定可以让客户认可你这个人。

比如，一些卖报纸的人不懂得叫卖，只会大声喊："卖报了，一元一份。"这种开场白陈旧、单调，不懂得创新，最后的结果可想而知。相反，另外一些卖报纸的人却能设计一个不错的开场白，在人群中大喊"国家开放二孩政策，晚婚晚育假期被取消"，或"国家出台新政策，多地限购房产，已婚夫妇假离婚购房"。相信人群中总有一些对这些新闻感到好奇的人，愿意购买一份报纸一看究竟。

高尔基说过："交谈中最难的就是第一句话，如同音乐一样，全曲的音调都是由它来决定的，一般要花较长的时间去寻找。"与人沟通时，最难把握的就是开场白，它就像音乐的基调一样。客户记住的往往是销售人员开口后2分钟内说的话，并且会根据这段开场白决定是否让销售人员继续说下去。因此，优秀的开场白意味着销售成功了一半，销售人员一定要讲好开场白，这样才能争取和客户继续交谈的机会。

那么，优秀的销售人员在开场白中通常使用哪些技巧呢？

1. 赞美客户

任何人都喜欢听到他人的赞美，对于销售人员来讲，赞美是成交的法宝。所以，销售人员应该学会赞美客户，巧用赞美赢得客户的好感。

　　销售员小超与客户相约在客户的办公室见面，刚见到客户就说："蒋经理，您的办公室真够气派的，看来您真是一位有品位的人。"

　　蒋经理不好意思地笑了笑，回答说："过奖啦！"

　　小超接着说："我这几年跑业务见了不少客户，也去过不少办公室，像您这样有品位的人，我还是第一次见到。之前也从来没有见过这么气派的办公室，感觉就像在美国的白宫一样。"

　　蒋经理哈哈大笑，小超趁机介绍自己的产品，很快就成交了。

2. 激起客户的好奇心

　　一位教授说："探索与好奇，几乎是人的天性，神秘奥妙、不合逻辑的事物，往往是人们最为关心的。"每个人都有好奇心，都想探索那些不知道、不熟悉的事情，越是不了解的事情，越想一探究竟。人一旦有了好奇心，就会情不自禁地想知道接下来要发生什么，因此，销售人员可以利用客户的好奇心，引导客户跟着自己的思路走。

　　一位电话营销员打电话给参加考试的小王，对他说："您好，我是一家考试辅导中心的老师，这次打电话来的目的是向您道歉，希望能得到您的谅解。"

　　小王的好奇心被激发出来，为了弄明白对方为什么向自己道歉，他忍不住问："向我道歉？为什么呀？"

　　营销员回答说："我们公司的总经理承诺给每一位参加考试的考生一份参考资料，由于我们工作上的失误，竟然把您的资料忘记寄给您了。为了弥补给您造成的损失，我们公司特意为您设计了一个补偿方案。只要您来我们公司参加考前培训，我们可以给您比其他人更优惠的价格。"小王迫不及待地问："真的吗？那请您详细说说。"

　　后来，小王在听了营销员的一番解说后，就真的去参加培训了。

　　从上面这个例子中可以看出，营销员正是利用这种无中生有的道歉，引起了小王的好奇心，并让小王一步步陷入局中，最终达到了推销的目的。由此可见，激起客户的好奇心是促进成交的有效手段之一。

绝对成交

第六章
展现产品魅力，激发客户的购买欲望

想要在销售过程中打动客户，销售人员就要明白产品的卖点是什么，给消费者找到一个强有力的消费理由。换句话说，就是要展现产品的魅力。只有注重产品演示，让客户看到产品的价值所在，才能激发客户的购买欲望。

提炼卖点，"秀"出产品价值

金克拉说过："有时候你必须向潜在客户说明产品的特征和功能——这个信息将会让潜在客户相信，你了解自己的业务，也明白自己产品的价值所在。然而只有当你清楚地摆出产品的益处时，潜在客户才会掏出钱来。"

产品的益处，也就是产品能够给客户带来的好处，或者说是产品的卖点。产品的卖点就是产品所具有的别出心裁或与众不同的特色，在同类产品中具有的优势，比如使用方便、快捷，包装精美，性价比高，效果比较好等。

一些卖点是产品与生俱来的，一些卖点则是通过营销策划人创造出来的。不管卖点是如何来的，只要销售人员能让产品的卖点"亮"起来，把它变成消费者可以接受的效用和利益，就能实现畅销的目的。

其实，卖点不过是给消费者一个消费的理由。让卖点"亮"起来才是销售人员工作的重点。现代营销学、公关学、广告学都把寻找和发掘产品的卖点当作一项最基本的常识。对消费者来说，卖点是自己的需求点；对销售人员来说，卖点是引爆市场前的思考点；对产品自身来说，卖点是其存在于市场的理由。如果某种产品不是目标客户所需求的，既不能满足目标客户物质上的需求，又不能满足目标客户精神上的需求，就谈不上什么卖点，因此，卖点是用来解决目标客户的需求的。

某一项商品的出现，针对的目标客户存在差异，卖点也各不相同。比如一把水果刀，普通的消费者可能拿它来切水果，不法分子可能拿它来抢劫。身为销售人员，提炼产品的卖点时，更应该针对普通的消费者的需求。由此我们可以得知，卖点针对的是我们所设定的目标受众，而不是所有人。

满足目标受众的需求时，假如我们的卖点与其他同类商品相比不具优势，那么我们的卖点也就不能称为卖点了。要想让你的商品在同类商品中脱颖而出，就要让你的卖点"亮"起来，比同类商品更具优势。

在美国商界，有一个被人广为称颂的传奇人物，他就是著名的销售奇才吉诺·鲍洛奇。吉诺·鲍洛奇从一名小小的销售员一跃成为身价上亿的大富豪，只用了短短的20年。

吉诺·鲍洛奇曾经在尼尔迅公司工作，正是在这个公司里，他积累了许多的销售经验。

曾经有一次，公司引进了一批口感不太好的豌豆罐头，给销售工作增加了许多难度。经过公司的商议，公司领导决定由吉诺·鲍洛奇来完成这个艰巨的任务。

临危受命，吉诺·鲍洛奇知道这是一次表现的大好机会，于是他决定要在最短的时间内把这批罐头销售出去。他随即打电话给曾经的老客户，把他们约到自己的住所。

吉诺·鲍洛奇看到许多老客户已经如约到来，就对他们说："我今天要向大家推荐一种新产品，是我们公司最新引进的豌豆罐头。"

那些老客户并不买账，对他说："这种罐头的口感不太好，所以在市场上卖不动。"

吉诺·鲍洛奇淡定地说："市场上卖的豌豆罐头有一个缺点，那就是豌豆颗粒的大小不一样。这种罐头却没有这个缺点，它的颗粒每一粒都很饱满，价格也比市场上的低很多。之所以口感不太好，正是因为它的颗粒太大。不过，它的营养价值是最高的。如今到处都已经掀起吃这种罐头的浪潮，相信用不了多久它的价格就会成倍地往上涨，希望大家不要错过这个难得的机会。"

就这样，只用了半天时间，吉诺·鲍洛奇就把所有罐头卖出去了。

通过这个案例，我们可以知道，这种豌豆罐头的缺点是口感不太好，卖点是颗粒都比较饱满。吉诺·鲍洛奇抓住了这一卖点，告诉客户说，颗粒饱满的豌豆营养价值比较高，从而让卖点"亮"起来，迅速赢得客户的认可。

想要在销售过程中打动客户，销售人员就必须明白所推销产品的卖点是什么，如何在产品的卖点上做文章。因为在销售链条中，卖点是生死环节，是交易成功的决定性因素。身为销售人员，只有准确把握产品的卖点，让产品的卖点"亮"起来，才能让消费者接受你的产品。

不过，同一件商品的卖点有很多，销售人员不可能把所有卖点都展示给客户。因此，和客户交谈时，销售人员要把握卖点中的亮点，让卖点"亮"起来，也就是找到客户最关心的因素，提炼商品的核心卖点。

三流销售卖产品，一流销售卖故事

有人说，销售人员要具备讲故事的能力，不会讲故事的销售人员不是一个好的销售人员。传统媒体时代要求销售人员具备讲故事的能力，可以一边销售产品，一边给客户讲产品的故事。网络时代更要具备讲故事的能力，因为产品发展到顶峰会让客户感觉麻木，需要一个好的故事提高产品的价值。

如今，卖产品的时代已经结束了，我们已经进入一个卖故事的时代。每个人都喜欢听产品背后的故事，因为爱听故事是人的天性。大家更容易记住那些有故事的人，也更容易记住那些有故事的产品。在市场上，如果产品的背后有一个令人感动的故事，就会在同类产品中脱颖而出。

产品背后的故事是提高产品价值的诀窍，一个好的故事轻而易举就能成倍地提高产品的价格。一件产品的售价可能只有100元，如果为这件产品编出一个令人感动的故事，它的售价可能轻而易举就能突破1万元，这就是故事的魅力所在。

提到买玉器买首饰，许多人都会不由自主地联想到"石头记"，这就要归功于它背后的那个凄美的爱情故事。正是靠着这个凄美的爱情故事，以爱情作为自己品牌的永恒主题，"石头记"才深受广大消费者的喜爱。

作为石头饰品，"石头记"的成功充分验证了卖产品不如卖故事的道理。从某种程度上说，"石头记"之所以有如此大的影响力，就在于它背后的故事。这个凄美的故事升华了石头饰品的价值，此时的"石头记"已经不单单是普通的饰品了，而是上升为爱的信物。

说起"石头记"，大家都会联想到《红楼梦》，因为《石头记》正是《红楼梦》的原名。《红楼梦》中描写过，女娲炼石补天时，曾遗留下一块石头，把它丢弃在大荒山无稽崖青埂峰下。这块石头已经通灵，因为女娲补天时唯独把它留下未用，所以整日悲伤、叹息。一僧一道从远处走来，分别是茫茫大士和渺渺真人，路过青埂峰时，这块石头请求他们把自己带到花柳繁华地、富贵温柔乡中享受一番。就这样林黛玉和贾宝玉这段凄美的爱情故事流传开来了。

"石头记"原先只是一个濒临倒闭的小作坊，正是因为借助《红楼梦》里的故事，才一跃成为玉石行业里的老大。除此之外，这个名字本身也具有非常浓重的中国传统文化韵味，所以深得广大消费者的喜爱。

"石头记"是一个饱含深意的名字，它用故事推广自己的品牌，把《红楼梦》里的浪漫思想融入自己的饰品文化中，把产品和故事相结合，使玉石和故事交相辉映。"石头记"背后的故事正好迎合了大多数年轻人追求浪漫的消费心理，因此成为男女之间互赠的礼品。

"石头记"曾经推出一款寓意为"你中有我，我中有你"的同心系列产品，在情人节前后短短的二十几天内，它的营业额就已经超过1000万元。不得不说，"石头记"取得如此大的成功，和它背后的故事是分不开的。

心理学家发现，很多时候，消费者购买商品完全是因为一时冲动，也就是说，消费者购买商品其实是发自内心的感受，购买后才想起要为自己找到一个理性的借口。销售人员正是因为抓住了消费者的这一心理，才不拘泥于商品的实际价值，而是从商品背后的故事着手，为商品创作一个打动人心的故事。

同一种商品拥有许多不同的厂家，但是能让消费者记住的却寥寥无几。面对这种情况，如果为商品创作一个故事，采用故事营销，就能赢得消费者的认可。也就是说，卖故事比卖产品更重要，品牌背后的故事比品牌本身更有价值。

只要留心观察，你会发现香奈儿、迪奥、古驰，无一不是故事营销的典范。

这些知名品牌都把故事移植到品牌中，利用消费者喜欢听传奇故事的心理，吸引了一大批忠实的消费者。这也是为什么许多品牌在传播的过程中都非常重视其背后的故事，并把故事放到和产品质量同等重要的位置上。

正是因为有了故事，品牌才有了魅力，消费者对品牌才从理性认识上升到感性认识。故事营销是一种行之有效的营销方式，极大地满足了消费者爱听故事的消费心理，所以销售人员应该认识到：卖产品不如卖故事。

总之，在销售过程中，为了满足消费者爱听故事的心理，销售人员可以通过虚构的方式编造故事。不过，向消费者讲述产品背后的故事时，不能生搬硬套，更不能故弄玄虚，否则只会弄巧成拙，导致销售失败。

专业术语要通俗地说

俗话说得好："隔行如隔山。"任何一个领域都有自己的专业性，任何一个行业都有自己的专业术语，专业不同，在技术方面必然存在很大的差异，然而，依旧有很多销售人员为了在客户面前表现出自己的专业性，故意说很多专业术语，却不管客户是否能接受。

客户的文化程度高低不一，对行情的了解程度有深有浅，所以销售人员面对不同的客户要选择不同的表达方式，把专业性比较强的语言转化为通俗易懂的语言，确保客户能听明白产品介绍。

如果在销售过程中，销售人员介绍产品时模棱两可，因为表述不清而让客户听得稀里糊涂的，就会在与客户的沟通中产生障碍，从而在不知不觉中拉开和客户之间的距离，给最终的成交带来负面影响。

一般来说，客户都喜欢听通俗易懂的语言，因为这样的沟通不会有障碍，因此，销售人员向客户介绍产品时，应该尽量用简单、易懂的语言，根据客户的接受程度说客户能理解的话，而不是一味追求专业化。

一家公司的总经理计划把公司搬到新的办公区，他想安装一个邮件箱，要求邮件箱能体现出公司的特色，于是让自己的秘书打电话咨询一下相关事宜。

秘书打电话给一家公司的销售员，说明来意之后，销售员热情地说："CSI邮箱便捷、实用，能很好地体现出贵公司的企业文化，所以我建议贵公司使用CSI

邮箱。"

秘书听得一头雾水，不知道销售员口中的"CSI"究竟是一种什么东西，于是问销售员："您说的'CSI'指的是什么？不知道是金属材质的还是塑料材质的？是方形的还是圆形的？能详细说一下吗？"

销售员回答说："假如贵公司想要使用金属的，那么我建议贵公司选用FDX，如果每个FDX上再配上两个NCO就更好了。"

秘书越听越糊涂，原本只是想问清楚什么是CSI，没想到对方解释时又说了两个新名词，什么FDX、NCO，秘书根本不知道这是什么。为了不影响工作，秘书记下这几个专业名词，然后拿这些专业名词请教总经理。总经理看到这些专有名词后，一脸茫然地问："这是什么？哪来的？"秘书讲清楚事情的来龙去脉后，总经理吩咐她说："再换一家吧，我也不明白这是什么意思。"

客户主动送上门的业务，销售员却没有抓住机会，就是因为他说的话太专业，让外行听着一头雾水，完全不知道他在说什么。

案例中销售员口中的CSI、FDX、NCO都是一些行业术语，对该行业不了解的人根本不知道是什么意思。如果给客户讲解产品知识时使用这些行业术语，客户听起来就会如坠云雾。相反，这些术语在同行之间使用，既可以体现自己的专业水平，又可以缩短沟通时间，必然可以在很大程度上提升工作效率。所以说，说客户听得懂的话对成交非常关键。

试想，如果问一位老大爷知不知道什么是"博客"，他也许会回答说："知道，这个能不知道吗？驳壳枪呀！"如果继续问他什么是"菊花台"，他可能回答说："不知道呀，应该是一种酒吧！也可能是一种茶。"如果销售人员一味地追求专业性，却不顾客户的文化水平和接受能力，很可能会出现类似的笑话。因此，对不同类型的客户，销售人员要说不同的话，尽量把专业术语通俗化，让客户听懂你的介绍，否则介绍产品就没有任何意义了。

一些销售人员之所以习惯说一些客户听不懂的专业术语，其实目的并不是介绍产品，而是在客户面前炫耀自己的专业水平。其实，客户听不懂销售人员的介绍是销售人员的损失，因为这种介绍不仅不利于产品的推广，还会让客户觉得是对他们的鄙视，从而拉开彼此之间的距离。

对于客户而言，其关心的并不是销售人员专业的技术水准，而是销售人员推销的产品能否满足自己的需要。假如销售人员一直在用专业术语介绍自己的产品，说一些客户无法接受的话，就无法让客户听明白销售人员的意思，自然就不可能成交了。相反，假如销售人员运用一定的技巧把这些专业术语转化为简单的语言，让客户听得明明白白的，就可以达到介绍产品的应有效果，使整个销售过程顺利进行。

因此，与客户沟通的时候，销售人员要了解客户的基本情况，判断出客户属于哪种类型。假如客户的文化水平比较高，对专业术语比较了解，自然可以使用专业术语表现自己的专业水准，赢得客户的信赖；假如客户的文化水平比较低，接受能力有限，就要少用书面化的语句，多用通俗化的语句，让那些非专业人士听得懂你的产品介绍。

与其王婆卖瓜，不如做产品演示

走进商场，如果要买戒指，珠宝销售员会把戒指戴在你手上，然后让你自己看看戴上去的效果；如果要买某样食品，食品销售员会取出一些请你先品尝一下；如果要买化妆品，化妆品导购员会让你试用一下。不知道你是否想过，为什么不同产品的销售员都采取这种措施介绍自己的产品呢？

在销售的过程中，销售人员为客户提供的产品或服务效果如何，单靠销售人员自吹自擂，效果并不理想。要想让客户相信产品或服务的效果，就要让客户试一试。所以，最好的产品介绍不是销售人员口若悬河地说个没完没了，而是用产品演示的方法让客户亲自体验一下。由此可见，产品演示是展示产品质量的最好方法，因为这样可以让客户亲眼看到产品的价值所在，更容易激发客户的购买欲。可以说，在销售过程中，产品演示占据着重要地位。

一般情况下，消费者购买某种产品的动力来自一时的感觉，而不是自己的理性。也就是说，相比事实本身，消费者的感觉对消费者的判断力影响更大。因此，无论销售人员口才多么好，介绍产品的效果都不如产品演示好，把产品的优点说得天花乱坠，不如闭上嘴巴让客户亲身体验一下。

去商场买衣服时，销售人员经常直接把某件衣服塞到你手里，然后指着试衣间对你说：“那是我们的试衣间，请您进去试穿一下，看看衣服穿在身上的效果如何，不试试看不出效果。”等你把新衣服穿在身上后，销售人员就会把你领到穿衣镜前，让你亲眼看一下衣服穿在身上的效果。

老张是一家音响设备店的销售员，销售业绩一直都很好，每个月的销售额是其他销售员的3倍。刚来的新员工小李虽然对产品知识已经非常熟悉，对客户也很热情，但是销售额一直非常低。对此，小李大惑不解，很想知道自己为什么没有老张优秀。

为了提高销售业绩，小李向老张请教说："张叔，您的销售额一直都是其他销售员的3倍，我的销售额却连咱们店销售员的平均水平都赶不上。我觉得自己挺努力的，但是为什么不能像您那样优秀呢？不知道您有什么诀窍？"

老张回答说："其实也没什么诀窍，如果非要说是诀窍的话，那我的诀窍就是充分利用产品演示赢得客户的信任。"

小李大惑不解，问道："产品演示？这样做有用吗？"

老张回答说："客户购买音响设备最怕的是音响的音质不好，如果不用我们的音响设备放一段音乐，我们讲解得多好都没用。客户第一次见我们，对我们销售员有一种防范心理，担心我们只是在夸夸其谈，甚至害怕我们在诓骗他们。如果客户对某一款音响设备感兴趣，我们就放一段音乐给他听，客户自然就相信我们所说的话了。"

小李继续问："那我具体该怎么做产品演示呢？"

老张回答说："你可以准备一套质量很差的音响设备，分别用两种设备播放一段音乐，两种设备质量的好坏不用介绍，客户自然能听出来。这样做更能赢得客户的信任，让他知道我们不是在自卖自夸，而是用事实说话。"

认识到产品演示的效果后，我们再来了解一下产品演示的注意事项。

首先，做产品演示前，一定要提前做好各项准备工作，确保产品演示百分之百成功。在工作和生活中，我们都有这样一个经验：无论做什么事情，只要提前做好各项准备工作，就能把事情做得很漂亮；相反，如果准备不充分，就会出一些意想不到的状况。

其次，作为一名优秀的销售人员，只做好产品演示的各项准备工作还不够，还要让客户参与到产品演示中来。一些经验丰富的销售人员推销自己的产品时，没有像别人那样介绍产品的外观、质量和价格，而是很有创意地拿着几个样品来到领导的办公室，请领导拿出自己的打火机烧一下产品，亲身体验一下产品不怕火的特性。这种邀请客户加入到产品演示中来的做法更能赢得客户的信任，让客户心满意足地和销售人员达成交易。

当然了，也有一些客户亲身体验过产品后依然拒绝购买，这又是怎么回事呢？这是因为销售人员忽略了一个至关重要的环节：询问客户体验后的感受。心理学家发现，客户体验过某款产品后，依然不能百分之百地相信自己的感受，所以不能做出购买的决定。此时，如果销售人员能够及时询问客户体验后的感受，并邀请他们说出来，就能加深他们对这款产品的感受力度，最后让他们做出购买的决定。

金牌保险销售员弗兰克·贝特格：你对产品自信，顾客才能打消疑虑

日本麦当劳之父藤田田说："畅销的产品并非无中生有，而是挖掘身旁的物品，加以改良而成；只要你比别人发现得早，变化得巧，便能成为巨富。"但是，再卓越的名牌产品，也会存在某些瑕不掩瑜的缺点。而且多数消费者需要的并不是完美无缺的产品（他们也知道越完美意味着越昂贵，性价比不高），而是能满足自己具体需求的产品。销售员只要能顺应顾客的这个心理，就能成功地签下订单。遗憾的是，部分销售员，尤其是刚入行的销售新手，总是对自己的产品不够自信，在推销时表现得畏畏缩缩。顾客看到销售员这么没底气，于是就怀疑这款产品的质量不合格。原本可以达成的交易可能就这样黄了。毫无疑问，销售失败的原因完全在销售员自身。只有你对产品充满自信，才能说服顾客相信它能满足自己的需求。

优秀的销售员的自我定位不是小贩，而是销售顾问。他们很明确自己必须是产品或服务的专家。为了达到这个目标，他们会花很多时间去研究相关的产品或服务，熟悉每一个细节，并且了解竞争对手的状况。这样，销售员就能清楚地知道自己推销的东西有哪些好处与不足。由于他们有丰富的产品知识，在谈话中会让顾客感受到他们的自信，顾客也会因此对产品产生信心。因此，自信对销售员来说非常重要。缺乏自信的人不可能把事情办好，哪怕他原本有很大的潜力。

美国人寿保险创始人、著名演讲家弗兰克·贝特格出身贫寒，童年命运多舛，因此养成了自卑的性格。由于伤病，他没能继续完成

自己做职业棒球运动员的梦想，回老家费城谋生，做了人寿保险推销员。谁知他在长达十个月的时间内居然没有拉到一个客户。这段漫长而黯淡的日子，几乎把弗兰克·贝特格最后一点自信也消耗殆尽。然而一次意外的邀请，改变了他的人生。

那一天，弗兰克·贝特格被邀请参加一个主题为"清洁语言、清洁电话、清洁体育活动"的演讲会。这个演讲会要求每一位参与者登台演讲。弗兰克·贝特格缺乏在大庭广众之下演讲的勇气，于是报名参加了一个公开演讲培训班。培训班的老师表示，培训课程已经过半了，但弗兰克·贝特格坚持要参加，于是那位老师笑着说："好吧！下一个演讲就由你来。"弗兰克·贝特格当时紧张得连一句"你好"都说不出来，但还是坚持参加了培训以及每周的例会。

有一天，弗兰克·贝特格好不容易结束发言，想回到位置上坐下，却被老师叫住了。老师指出他的演讲缺乏力量，没有激情，所以没有人会感兴趣。为了让弗兰克·贝特格明白什么叫"激情"，老师先用慷慨激昂而富有感染力的话语做讲解，讲到激动处，忽然举起旁边的椅子使劲往地上摔，力量大得弄断了椅子的一条腿。这个场面震撼了弗兰克·贝特格。他从此暗下决心继续从事保险销售员的工作，用激情和努力来改变自己的生活。两个月后，他做了一次长达一个半小时的演讲，轻松自如地在大庭广众之下讲述个人经历。这次成功的演讲经历让弗兰克·贝特格收获了自信，从此告别了那个胆怯犹豫的自己。

就在演讲的第二天，他以"不速之客"的身份去拜访一位粮食经销商。为了让对方感受到自己的激情，他用力敲打桌子。本以为客户会诧异地询问缘由，没想到对方只是静静地看着他不说话。弗兰克·贝特格发现，客户一直坐姿端正、睁大眼睛用心聆听，除了几个提问外，从不打断他的发言。最终，弗兰克说服了这位客户买保险，两个人还成了一生的挚友。

从那天起，弗兰克·贝特格的销售越做越顺手，成为美国人寿保险史上的杰出人物。

从结果来看，弗兰克·贝特格能成为金牌销售员，说明他本身具备做销售的天赋。他之所以长达十个月颗粒无收，根本原因是没有自信。自信是成就一切事业的基石。很多优秀的销售员最初可能也像弗兰克·贝特格那样胆怯自卑，但他们最终会突破自我束缚，向顾客展示自己自信满满的一面。

当顾客认为保费太高时，日本保险女王柴田和子总是会说："公司的建议书里有（更低的保费），但在我为您设计的这份建议书里没有更低的保费。"这句话的潜台词是：她为顾客设计的方案已经是最佳方案。柴田和子之所以这样说，是因为拥有"这个保险是客户最需要的，也是最有利的"的信念。这份自信往往能让顾客感到放心，不再有疑虑。

当你准备实现一个个人目标时，你会很自然地问自己："怎样才能确保成功？"答案就是，你永远不能百分之百地肯定自己能成功。生活中没有确定的事情。失败和成功都是你脑子里存在的思想，你选择的那一个将占上风并起决定作用。

绝对成交

第七章
掌握谈判技巧，不愁
对方不上钩

在销售的过程中，谈判是一个必经的环节。谈判的目的就是实现利益的最大化，所以，想要让客户"上钩"，销售人员就要掌握谈判技巧，发现谈判过程中那些不为人知的猫腻，让自己始终处于主导地位，才能在谈判中稳占上风。

争辩无法解决异议，只会加剧矛盾

在谈判过程中，销售人员向客户推销产品时，客户通常会提出异议，有些客户甚至会出现措辞激烈的现象。当客户对产品或服务不满时，不管客户如何抱怨、指责销售人员，销售人员都不能与客户争辩，因为争辩并不是一种解决异议的好方式，也不是说服客户的好办法。

销售人员应该牢记这句话："占争辩的便宜越多，吃销售的亏就越大。"即便是轻微的争辩，也可能阻碍成交的顺利进行。因此，销售人员和客户谈判时，要注意控制好自己的情绪，时刻让自己保持冷静，耐心倾听客户的话。争辩只会加剧矛盾，强力否认客户的话是一种不明智的表现。解决异议的方法多种多样，没必要非要用争辩的方法。

例如，和客户谈判时，假如对方想退货，但是公司却规定不能退货。此时，如果销售人员对客户说："我们公司有严格的规定，商品一经售出，概不退货。不过，我可以帮您申请一下，和我们公司的总经理商量一下，看能不能给您特殊处理。"

一般情况下，当客户听到"特殊处理"时，就会对销售人员心生好感，信任度将大大增加。假如销售人员尽力了，总经理还是不同意退货，客户往往能理解销售人员的苦心，退货要求也就不那么强烈了。

一名销售员来到一家医院的采购部，对采购部的李先生说："您好，李先生，昨天您到我们公司参观了一下我们新推出的病床，答应下一批订单，请问现在方便签合同吗？"

李先生回答说："你们的病床有点硬，我担心病人对这种床不认可。"

销售员说："是吗？我怎么没觉得呢？"

李先生回答说："那我就不知道了，反正我觉得挺硬的。"

销售员说："昨天您还说非常适合你们医院呢，怎么今天又说床太硬呢？才过了一天而已啊！"

李先生回答说："总之我觉得各个方面都不适合我们医院，所以我不打算签合同了。"

销售员说："这种床是我们的设计员专门针对病人设计的，不存在不适合医院的情况，是你们采购员太不专业了，和我们的专业设计人员相比，你们的水平还不够。"

李先生说："没错，我们的水平还不够。不过，我们有权不签合同，再见！"

谈判过程中，无论发生什么，销售人员都不能和客户争辩。因为一旦双方开始争辩，不管你的产品多么优质，多么符合客户的需求，都会让客户厌恶你而失去成交机会。

所以说，当客户的观点和销售人员的观点存在异议时，销售人员要仔细倾听，冷静分析，判断异议产生的原因，从这些异议中获得更多的信息，再由这些信息做出判断。因为每一样产品都有它的缺点，不可能是十全十美的，所以客户提出异议是情有可原的。虽然有时候客户提出的异议非常刺耳，但是这并不是他们最在乎的地方，他们最在乎的其实是销售人员的态度。

在这种情况下，销售人员应该把话语权交给客户，让客户有一个发泄不满的机会，这样既可以了解客户的真实想法，又可以有效地消除客户的不满情绪，有助于双方的沟通。相反，假如客户刚张口表达自己的意见，销售人员就立即与客户争辩，成交失败就是必然的。

永远不要亮出自己的底牌

许多谈判代表在谈判时都会犯一个错误，那就是亮出自己的底牌，比如把公司的优惠政策和产品的底价一股脑地告诉客户，把决定权交给客户。这样只会让客户提出一些额外的要求，而这些额外的要求必然会超过谈判代表的权限，最后的结果只能是失败。这些谈判代表对客户缺乏了解，本想引导客户，最后反而被客户引导，从而无法实现成交。

谈判的双方代表都有一个共同的目标，那就是实现利益的最大化，如果客户觉得还可以争取到更多利益，自然不会放过任何一个争取利益的机会。也就是说，对谈判的双方代表来说，谁先亮出自己的底牌，谁就会陷入被动局面，也就不可能满载而归了。

谈判是一个相互妥协的过程，假如只有一方不断妥协并过早地亮出自己的底牌，就无法达到双赢的目的。谈判最重要的是成交，没有成交，双方的谈判就没有任何意义。想要成交，就要让双方的谈判建立在双赢的基础上。谁先亮出自己的底牌，谁就会陷入被动局面，利益就无法得到保障，没有双赢，成交也就不存在了。

所以，在谈判过程中，即便客户很急切，也要佯装成不太着急的样子，否则就等于是在亮出自己的底牌。有人说，谈判桌就是商业领域的战场，谈判代表的水平直接关系公司的赢利水平。在谈判过程中，是否亮出自己的底牌直接反映了谈判代表水平的高低。

和客户接触时，谈判代表应该提高警惕，注意对方提出的一些试探性的问题。不管是在什么样的场合，谈判代表都要守住谈判的底线，不可亮出自己的底牌。所谓的坦诚相待是不存在的，谈判双方永远都在遮遮掩掩的环境下博弈，每个人的神经都紧绷着，聊到商业问题时，千万不能放松警惕，否则就会说一些不该说的话，把底牌亮出来。

马先生是一家公司的谈判代表，负责和各地的代理商谈判，主要是为了争取各地代理商的支持，缓解公司遇到的经济危机。

原来，这家公司之前是由两名投资者合伙经营的，因为其中一名投资者退出，撤走了大量资金，所以公司遇到了资金问题，流动资金匮乏，公司一时周转不开。为了解决这个问题，公司总经理任命马先生为这次谈判的总负责人，让他宴请各地的代理商，争取各地代理商的支持。

马先生平时和这几位代理商来往密切，所以就放松了警惕，在席间多喝了几杯，竟然坦诚地说："公司的资金遇到了一些问题，还请各位鼎力相助，公司不会亏待大家的。"各位代理商听到这话，就问："公司一直都经营得很好，资金怎么会出现问题呢？"马先生说："公司投资人是两个，现在走了一个，把大部分资金都带走了，不出问题才怪！"各位代理商相视一笑，私下相互串联，把所有代理商联合到一起，集体约定不签合同。

马先生苦口婆心地劝大家投入资金，各位代理商就趁此机会和马先生谈判，推翻合同上的所有条款，想要争取更好的价格和更有利于自己的条件。公司总经理知道了这件事情，见到马先生后大发雷霆，当着公司所有员工的面对他进行严厉批评，还扣除了他当月的奖金。对此，马先生懊恼不已，悔不该在各位代理商面前亮出底牌，让对方占尽先机。

由此可见，就算谈判双方亲密无间，也不能亮出自己的底牌，不能把自己的信息和对方共享，而是要守住自己的底线。谈判代表不要忘记，既然是谈判，双方就脱离不了博弈的本质。向客户透露的信息越多，己方就越被动，就会处处受制于人，陷自己于不利的境地，成交的阻碍也就越多。

总之，谈判就像双方在打牌，谈判代表要学会遮掩，用一些真实性不高的信息或不太重要的信息掩饰自己，然后想办法引诱客户亮出底牌，得到对自己有利的信息。只有看清楚对方的底牌，遮挡好自己的底牌，才能在谈判中占尽先机。

让步，为成交保驾护航

世界谈判专家霍伯·柯恩曾说："为了实现谈判的目的，谈判者必须学会以容忍的风格、妥协的态度，坚韧地面对一切。"由此可见，适当的让步有助于谈判的顺利进行，可以为成交保驾护航。

现实生活中，许多谈判人员都把谈判当作一条直线，却不知道谈判其实更像是一个圆。每一个谈判人员都站在这个圆的起点上，而我们的目标则是另一个点。很多时候，我们只知道往前走，认为那是通往目标的唯一途径，却不知道，只要把身子转过去，我们就可以找到通往目标的另一条途径。

通过上面这个比喻，销售人员应该明白一个道理：假如主动进攻是一种行之有效的成交方式，那么主动让步效果将更为显著。在谈判的过程中，如果谈判人员的积极进攻起不到太大作用，不妨往后退一步，也许会出现意想不到的效果。

虽然让步有助于谈判的顺利进行，在很大程度上促进成交，但并不是所有的谈判人员都懂得灵活运用让步的策略，也并不是每一名谈判人员都能把这个策略运用得恰到好处。让步策略运用得当会事半功倍，让步策略运用不当则会适得其反，不仅不利于促成交易，还会导致交易的失败。下面这个案例就是一个很好的证明。

销售员："陈总，您觉得还有什么问题吗？"

陈总："我觉得都挺满意的，就是产品的价格有些高了，希望你能把价格往下调一点，不然我就不考虑了。"

销售员："不知道这样行不行，我把价格再降1个百分点，这已经是最低价了，真的不能再往下降了。"

陈总："不行，不行，只降1个百分点怎么行呢？这个价格我还是接受不了。如果你们诚心和我做生意，就再降一些。"

销售员："陈总，我们最多给你降3个百分点，这是公司领导给我们的最大权限，如果再往下降，我们就没这个权力了。"

陈总："如果你们把价格降5个百分点，我是可以接受的，否则我就没有多少利润。咱们都知道，商人追求的就是利润，如果利润不大，我还有做的必要吗？"

销售员："陈总，希望您好好考虑一下，我们的价位真的已经降到最低了。"

陈总："你们也考虑一下吧，降5个百分点我才能接受，我觉得对你们来说，降5个百分点不是什么大事。"

最后，争持不下，双方只能握手告辞，原本可以成交的生意就这么黄了。

其实，案例中的销售员并没有撒谎，降3个百分点的确已经是极限了。做了这么多单生意，价格最低才降2个百分点，降3个百分点已经开了先河。陈总和销售员谈判时，对价格并不是太了解，只是觉得自己还没怎么说，对方就同意把价格降3个百分点，所以觉得还有很大的下降空间，自然不肯轻易成交。

有人说："谈判时让步宜巧不宜早。"从案例中我们发现，选择让步的时机非常重要，时机选择得不对，只会让客户得寸进尺。因此，销售人员应该多掌握一些客户的信息，弄清楚客户能接受的最低价格，然后根据客户能接受的最低价格来选择让步的幅度。尤其是在谈判过程中，销售人员不要过早地让步，否则就会给客户留下一种还有很大谈判空间的错觉，必然会让自己处于十分不利的被动境地。

销售人员使用让步策略时，应该纵观全局，在每一次做出让步的决定前，都要考虑这样做是否有利于实现长远利益，假如可以从以后的交易中补回来，做一个适当的让步也无所谓，否则就要寻找其他解决途径。对于谈判来说，一时的得失并不是最重要的，长期的合作关系才是最重要的，所以销售人员应该目光长远，而不能为了眼前的利益让自己失去更多的成交机会。

总之，谈判少不了你来我往的讨价还价，所以销售人员要注意在报价时提前为自己留有充分的余地，否则就很可能因为价格问题和付款方式问题而相持不下，最后会因为没有留有充分的余地而导致交易失败。让步时，既不能一步不让，又不能毫无原则地让步，每一次让步都要让客户拿一定的条件来交换。

采用欲擒故纵法，吊足客户的胃口

走在大街上，总会有一些发传单的业务员对你说："先生，这是性价比最高的房子，有兴趣今天去看一下吗？"假如你随便找个理由推脱，对方就会接着说："买不买没关系，过去了解一下总没什么坏处，听听专业人士的介绍，对买房来说也是一个对比，只有好处没有坏处的。"其实，这里运用了欲擒故纵的计谋。

任何销售人员都想让客户购买自己的产品，但是也知道如果过于逼迫客户做出购买的决定，最后只会适得其反。因此，许多销售人员为了争取客户，故意采用欲擒故纵的计谋。首先降低客户的戒备心理，用利益吸引客户，最后实现成交的目的。

试想一下，假如客户刚上门，置业顾问就表现得很热情，询问客户是否要把房子定下来，肯定会把客户吓跑的。因此，许多置业顾问都采用欲擒故纵的策略，先简单地给客户打个招呼，再不停地强调现在买房子的好处，以及过一段时间后再买房子会有哪些损失。不过，他们从来不直接逼着客户立即做出购买的决定，而是说："您再考虑考虑，权衡一下利弊得失，毕竟买房子是大事。"这就是欲擒故纵在实际中的运用。

苹果手机在中国市场一直很畅销，深受广大消费者的追捧。虽然苹果公司对中国市场一直都垂涎欲滴，但是苹果手机在中国的发布每次都很晚，这是为什么呢？原来，苹果公司担心大量铺货后，那些追捧苹果手机的"果粉"们就没了那种新鲜感和优越感，所以采用了欲擒故纵的销售模式，用这种方式吊"果粉"们的胃口。

在商务谈判中，谈判双方属于对立关系，大部分人都不愿意妥协，最后往往会造成激烈的对抗局面。其实，谈判专家通常不会使用这种谈判策略，而是使用欲擒故纵的方法打败对方。从表面上看似乎是不断退让的一方失败了，实际上并非如此，事情的结局往往会出现一个180度的大逆转，退让的一方常常会获得最后的胜利。

某画廊正在展示画作，一位画商看中了其中的三幅画，标价是每幅画250美元。可是，画商并不想用这个价格购买，而是想把价格往下压一些。

画商询问这三幅画的价格，画的主人回答说："每幅画250美元。"画商对这个回答并不满意，双方在议价环节陷入僵局。

画的主人很恼火，二话不说就当着画商的面把其中的一幅画烧了。看到这种情况后，画商接着问："剩下的两幅画多少钱？"画的主人回答说："每幅画250美元。"听到这个回答后，画商摇了摇头，表示无法接受。

画的主人勃然大怒，竟然又烧掉了其中的一幅画，只留下一幅画继续展览。画商有些急了，对画的主人说："别烧了，说一下它的价格吧，我想买下这幅画。"没想到画的主人回答说："这幅画600美元。"画商以为自己听错了："什么，600美元，你没搞错吧？"画的主人回答说："没错，就是600美元。"画商惊讶地说："可是刚刚还250美元呀？"画的主人什么话都没说，作势要烧第三幅画。画商赶忙把他拦住，无可奈何地对他说："别烧了，600美元就600美元，我买下了。"

其实，这幅画的市场价格在100美元到150美元之间，为何最后竟然卖到600美元的高价呢？就是因为在谈判陷入僵局后，画的主人采用欲擒故纵的战略，接连烧掉了其中的两幅画，最后凭借物以稀为贵在谈判中稳占上风。画商知道，这三幅画都出自名家之手，不是用金钱可以衡量的，600美元买下一幅画也是值得的。

在谈判过程中，卖方总想着用高价出售自己的商品，买方却想着用低价买下商品。双方都是为了维护自身的利益，所以经常会出现分歧，发生一些不愉快的事情，导致谈判陷入僵局。假如销售人员要想打破僵局，欲擒故纵的策略不失为一种绝佳的选择。

谈判的过程是拉锯的过程，也是一个你攻我防的过程，销售人员不要刚开始就顶撞客户，而是要采用欲擒故纵的战略，先营造一种良好的氛围，最后再打客户一个措手不及。欲擒故纵有"四两拨千斤"的效果，可以打破谈判僵局，促使谈判顺利进行。

谈判时间、地点的选择也会有猫腻

谈判专家明白一个道理：谈判的时间和地点有猫腻。不同的时间，不同的地点，会有完全不同的谈判结果。一般情况下，谈判双方的"尔虞我诈"在谈判的时间和地点上都能体现出来。作为销售人员，只有掌握了最佳的谈判时间，才能控制谈判的进度；只有选对了最佳的地点，才更有可能取得胜利。

那么，谈判的时间和地点都有哪些讲究呢？

1. 谈判时间的选择

谈判时间的选择是否适当，很大程度上影响了谈判的效果。一般情况下，人的大脑在上午时比较清醒，此时思维敏捷，想象力也最丰富。假如选择这个时间段和客户进行谈判，就会发现客户精神饱满，不会轻易让步，因此销售人员应该避开这个时间段。

不过，假如客户前一天晚上很晚才睡，第二天上午往往会精神不振，此时和客户谈判就会占尽先机，把主动权掌控在自己手中。客户精神不振，销售人员就可以放心地把自己的思想灌输给客户，让客户看到自己的诚意和自信，这样往往能取得不错的谈判效果。

另外，在连续紧张工作后、身体出现明显的不适时以及每周一的上午，都不适合谈判。因为紧张工作后人的思绪比较混乱，身体出现明显不适时人难以专心致志地进入谈判状态，每周一的上午很可能还没有进入工作状态。假如销售人员和客户约好晚上一起谈生意，就要防止被客户灌醉，否则很可能会因为神志不清而被客户牵着鼻子走。

约好谈判时间后，通过客户是否准时抵达谈判地点，销售人员可以看出客户的谈判诚意有多大。假如客户很有诚意，就很少会出现不准时赴约的情况。相反，假如客户没有准时出现在谈判地点，而是推迟很长时间才到，就表明对方的合作态度并不是非常积极，此时销售人员就要重新审视双方的合作是否有可能实现。

2. 谈判地点的选择

古人常说"天时不如地利"，这里是强调地点的重要性。其实，谈判也是如此，谈判地点的选择是一件非常重要的事情，销售人员应该选择一个适合谈判的地方，这样才能取得不错的谈判效果。

日本是一个铁矿资源和煤炭资源都很匮乏的国家，而澳大利亚的铁矿资源和煤炭资源却非常充足。日本为了发展经济，非常渴望和澳大利亚在钢铁资源和煤炭资源这两个方面达成合作。

不过，在国际贸易中，许多国家都有和澳大利亚合作的意向，这就使得澳大利亚在和日本的谈判中一直处于有利地位。

日本人很聪明，他们把澳大利亚的谈判代表邀请到日本进行谈判，这样就改变了这种劣势。澳大利亚的谈判代表来到日本后，会不由自主地想起自己身在东道主的国土上，所以不能过分地侵占东道主的利益。因此，在谈判桌上，澳大利亚和日本双方的谈判代表的地位发生了很大的变化。

澳大利亚人过惯了富裕的生活，来到日本后显得非常拘谨，所以派出的谈判代表刚到日本没几天，就想着尽快回到自己的国家，在谈判桌上表现得过于浮躁。日本人则不然，谈判地点在自己的国土上，所以完全可以慢条斯理地讨价还价，把谈判的主动权牢牢掌握在自己的手中。

最终，日本在这场谈判中取得胜利，而代价仅仅是有限的招待费用。

由此可见，谈判地点的选择藏着猫腻，直接影响了谈判的结果。一般情况下，谈判的地点直接影响谈判双方的心理，从而影响谈判的最终效果。因此，销售人员应该选择一个有利于自己的谈判地点，增强自己的谈判信心，削弱对方的谈判气势，让谈判结果更有利于自己。

假如客户对你的信任度不够，销售人员可以把谈判的地点定在自己的家中或公司，这样可以迅速赢得客户的信任。如果客户邀请你到他的办公室内谈判，销售人员要提高警惕，要么做好充足的准备，要么换一个谈判地点，因为客户的办公室往往是对你不利的谈判场所。

美国心理学家泰勒尔和他的助手兰尼就曾做过一个实验，发现很多人在自己的客厅内更容易说服对方。因为大家都觉得那是自己的地盘，所以不用分出一部分精力去熟悉环境，也不会有无所适从的感觉。

因此，对于一些比较重要的谈判，销售人员应该尽量选择一个自己比较熟悉的地点，这样才更有利于自己。当然，假如销售人员无法争取到这样一个地点，也不要把谈判地点定在对方比较熟悉的场合，否则会让对方占尽先机。可以选择一个双方都不熟悉的场合，这样对谈判双方才比较公平。

说话有禁忌，谈判须谨慎

正如朋友之间相互交流时有些话不能说一样，商业谈判的过程中也有一些话不能说。为了各自的利益，双方可以各执己见、互不相让，但是说话不能太过，以免伤了彼此之间的和气。从另外一个角度说，不说不该说的话，既展现了自己良好的素养，又表明了自己是一个聪明的人。

有人说，谈判双方在桌面上博弈时，那些私下里毫无忌讳的话，也许恰好是谈判桌上不能说的话。谈判双方的地位是平等的，所以不要说太硬气的话。也有人说，"人善被人欺，马善被人骑"。谈判桌是一个欺软怕硬的地方，所以说话不能太怯懦，否则就会给对方一种你在求他的感觉，从而被对方牵着鼻子走。其实，这两种说法都是片面的，谈判不是个人行为，而是商业行为，所以不能进行个人攻击。可以不同意对方提出的条件，但是绝不能向对方发动攻击。谈判时要心平气和地商量，而不是毫无节制地争辩，否则不仅不利于解决问题，还会伤害彼此的和气。也就是说，要根据具体情况采取强硬或是温和的方式，要软硬兼施。

总之，在商务谈判中，怎么说话是有一定规矩的，优秀的谈判人员懂得巧设"圈套"，让客户一步步钻进来。谈判桌上讲究的不是逞强好胜，而是谁的布局能力更好。假如谈判代表说话太硬或太软，都很容易栽跟头，最后可能导致谈判的失败。

那么，在谈判时，应该注意哪些说话禁忌呢？

1. 太感性的话不要说

谈判是一种很理性的事情，太感性的话多说无益，所以谈判人员千万不能被情感左右，不能主动迎合对方，没了自己的立场，否则就会陷入被动局面。谈判双方都有自己的王牌，对方想控制你时，你应该用手中的王牌反击，而不是说一些太感性的话，妄图用彼此的友谊做筹码。说太感性的话，反而会给对方一种懦弱的感觉，只会让对方的胃口变得越来越大。

2. 避免人身攻击

谈判双方发生矛盾，陷入僵局，或谈判破裂时，一些脾气暴躁的人也许会出言不逊，恶意攻击对方，用谩骂和责备对方来处理矛盾。此时，双方都会气不打一处来，彼此充满了仇怨，把引起矛盾的责任和谈判失败的责任都推给对方。在市场经济中，谁离开谁都能活，所以没人愿意在被人谩骂后还选择和对方合作，人身攻击无助于解决任何问题，只会加速谈判破裂。

3. 不要否定客户

销售人员向客户介绍产品时，客户往往会提出不同的意见，难免有些客户的话会出现过激的现象。如果遇到这种情况，销售人员不要急着否定客户，那样更无助于解决问题，只会让客户难堪，伤害客户的自尊心。假如客户觉得自己的自尊心受到了伤害，自然不愿意购买你的产品。如果客户提出不同的意见，销售人员想要摆脱僵局，就要掌握谈判的技巧。

一名销售员为了开拓市场，为公司的手机寻找更多的代理商，就和苹果手机的一个代理商展开谈判。

销售员刚见客户，就滔滔不绝地说："我们这款手机是最新推出的，是技术的革命，肯定能受到广大消费者的喜爱，给代理商带来丰厚的利润……"

没想到客户打断他说："我对你们的手机没有兴趣，现在代理苹果手机挺好的，为什么要代理一个没有名气的产品呢？"

销售员慌忙辩解说："苹果手机采用的是iOS系统，而我们这款手机采用的是我们公司最新研发的系统，在运行速度上并不比苹果手机差，性价比也比苹果手机更高。"

听到这话，客户有些生气地说："总而言之，你们的手机不出名，我甚至没有听过这个品牌，凭什么让我信赖它？我怎么知道你们的手机怎么样？也许它们是山寨机呢？操作系统是不是模仿的也说不好。"

销售员着急了，明显有些生气地说："我们是正规的公司，怎么会是山寨机呢？您说话真不中听。"

客户针锋相对地说："既然我说话不中听，咱们的谈判就终止吧！再谈下去也没什么意思了。"客户站起身，转身离开了谈判桌。

因此，销售员不要否定客户，而是要顺着客户来，更不能和客户争辩，否则争辩赢了，却因此激怒了客户，使矛盾加剧，导致客户丢了面子，最终使谈判破裂。

总而言之，在谈判过程中，有许多话是不能说的。这就要求销售人员提高警惕，说话前好好考虑一下，什么话该说，什么话不该说，都要衡量好。千万不能图一时嘴快，说出不该说的话，否则就是在作茧自缚。

商业谈判大师罗杰·道森：永远不要接受第一次报价

　　商业谈判大师罗杰·道森曾说："永远不要接受第一次报价！"2010年12月，受"世界大师中国行"组委会邀请，商业谈判大师罗杰·道森在广州开始了为期三天的"优势谈判总裁研习会"。面对台下的300位企业老总，罗杰·道森笑着说："假如你一口谈好价格，我敢肯定，对方会后悔自己的报价太低了，然后还会怀疑你的产品和服务有猫腻。"

　　罗杰·道森曾任美国总统顾问、地产公司总裁，同时也是美国POWER谈判协会首席谈判顾问和演讲大师。只用了不到30年时间，罗杰·道森就从一个普通人一跃成为美国前总统克林顿的谈判顾问。40年来，他一直致力于对谈判的钻研，并把形成的思想浓缩在"优势谈判"的概念中，将它传播到世界各个地方。罗杰·道森讲过这样一个故事。

　　一位先生想购买一辆二手车，刚好大街上有人要出售自己的二手车，开价1万美元。这个价位很合理，车子的各项性能也很好，所以这位先生非常满意，迫不及待地跑过去，要抢在所有人之前买下这辆车子。但是在去看车的路上，这位先生在想，也许自己不应该这么爽快地接受对方的第一次报价，因此决定出价8000美元，测试一下对方的反应后再说。

　　于是，这位先生来到车主家里，检查了一下车子的情况，坐上去开了一下，然后对车主说："这辆车子和我想买的有些差距，不过假如你能接受8000美元的价格，我就认真考虑一下，或许会把它买下来。"

　　这位先生在等待，原以为对方会勃然大怒，没想到对方只是平静地看了看妻子，然后对妻子说："亲爱的，你觉得他的条件可以接受吗？"妻子回答说："可以接受，卖给他好了。"

　　这位先生简直不敢相信，刚开始很高兴，可是仔细想了想，却怎么也高兴不起来。他在想：我把价格给得太高了，本可以给他一个更便宜的价格。为什么这么便宜？会不会是哪里出了什么问题？

　　罗杰·道森说："客户第一次报价时，往往只是在试探你，看看你的反应如何。此时你应该故作惊讶，否则他就会想：没准我能让他接受。也许他不会接受，所以我得狠一点，测试一下他能接受什么价位。"案例中的这位先生虽然应用了还价的策略，但由于车主表现得过于痛快，反而让他觉得自己并未占到便宜。

　　可见，对于任何销售人员来说，谈判都是一种非常伤脑筋的工作，即便是经验丰富的人也不例外。不过，经验丰富的销售人员明白一个道理：谈判时，永远不要接受第一次报价。假如你非常爽快地接受了对方的第一次报价，就会让对方产生一种上当受骗的感觉。

　　另外，不接受第一次报价也是获得加价的一种有效手段。很多时候，客户会先提出价格，让销售人员做选择，一般这个价格都会比较低，无法满足销售人员的心里报价，这也是客户对销售人员的试探，此时，销售人员就不能轻易接受对方的第一次报价，而是要设法让对方提高报价。

　　罗杰·道森的一位朋友是一个名不见经传的培训师。当时，他的课时费是500美元。听了罗杰·道森的理论后，他决定用这种办法来提高自己的课时费。

　　一次，有一家公司邀请他给公司员工做培训。当谈到课时费时，负责人对他说："500美元怎么样？这是我们能拿出的最高价格了。"

　　如果是以前，罗杰·道森的这位朋友肯定会毫不犹豫地答应。此时，他故作惊讶地说："500美元？开什么玩笑！肯定不行！"

　　负责人接着说："那就1500美元吧，如果您还不接受，我就没有办法了。"

　　就这样，罗杰·道森的这位朋友提高了自己的课时费。

　　在销售人员心里，产品的价位是成本加上利润，而在客户的心里，产品的价位是他们的自我感觉。客户第一次报价后，等于已经把自己的老底交代出来，销售人员千万不要立即接受，而是要和对方讨价还价，逐渐接近对方的心理价位。

　　永远不要接受对方的第一次报价，就是靠着这种思想做指导，许多谈判精英才得以在谈判桌上游刃有余，掌控谈判的整个局面。

绝对
成交

第八章
被拒不可怕，成交从
拒绝开始

成交不是一蹴而就的，需
要不断地拜访客户，一次又一
次洽谈才能实现。所以作为一
名销售人员，要意识到，遭到
客户的拒绝并不是失败，而是
成功的一部分。遭遇拒绝时，
要积极想办法找出被拒绝的原
因，寻找说服客户的机会，这
样才能提高成交的概率。

前台挡驾，怎么搞定对方

销售过程中，销售人员经常会遭到客户的拒绝，客户拒绝的理由多种多样，其中最常见的一种就是"我很忙"。假如遇到这种情况，销售人员该怎么应对呢？

一名销售员不知道客户的直接联系方式，只得打电话给客户公司的前台："您好，我想找一下贵公司业务部的主管，能帮我联系一下吗？"前台小姐却冷漠地说："我现在很忙，你待会再打过来吧！"然后挂断了电话。

遇到这种情况，许多销售人员都会顺从地把电话挂了，过一会打过去后又被前台以"我很忙，你改天再打过来吧"为借口拒绝。如果销售人员乖乖地把电话挂断，就等于把主动权拱手让给对方了。即便是要挂断电话，也要尽量多问出一些有用的信息，为下次打电话做好准备。

还有一些销售人员，他们在遇到这种情况后没有挂断电话，而是直接要求说："占用不了您太长时间，只需要您帮我把电话转接到业务部就行。"其实，这并不是一种很好的方式，因为这是在挑战前台的权威，忽视了前台的感受，让前台觉得自己不受尊重，自然不会帮你转接。

其实，这两种方法都是不可取的。没错，转接电话的确是前台的分内工作，销售人员也明知道前台在找借口，但是不能因此而失去礼貌和耐心，越是在这个时候，销售人员越要表现得不卑不亢。

前台有可能真的很忙，所以顾不上帮销售人员转接；有可能是在履行公司的规定，按照制度不能转接；也有可能因为情绪不太好，于是就拿销售人员出气。无论是什么情况，销售人员都要想方设法，用灵活应变突破前台的阻拦。例如，销售人员可以利用前台的虚荣心理，恭维前台一番，故意抬高他们的地位，让他们感觉自己受到了尊重，最后告诉他们请务必帮个忙。

还可以表示同情，对他们说："我知道您很为难，每天上班都要接很多陌生人的电话，哪个电话该接，哪个电话不该接，真的很难确定。我很理解您，因为我也有过相同的经历。不过我这个电话是该接的，因为这会给贵公司带来很多实惠，等于给贵公司送钱呢，如果把钱挡在门外就太不明智了。还请您辛苦一下，帮个忙，贵公司的领导一定会感激您的。"

王先生是一家公司的销售人员，经常要去一些公司拜访陌生人。一天，他来到一家公司，正准备要进去，却被前台小姐拦住了。

前台小姐礼貌地问："您好，请问您找哪位？"

王先生回答说："您好，我找一下采购部的马经理。"

前台小姐接着问："请问您有预约吗？"

王先生回答说："没有预约。"

前台小姐抱歉地说："对不起，先生，见马经理需要预约的，不然我没有请您进去的权利。"

王先生说："他的电话打不通啊，你现在帮我预约一下不行吗？"

前台小姐回答说："不好意思，先生，这个不可以的。"

许多销售人员都遇到过这种情况，被前台阻拦时，也往往直接用"没有预约"来应对，或者低三下四地请求对方帮忙临时预约。其实，这两种方式都不太妥当。

第一种方式，销售人员直接回答说"没有预约"，就等于自己断了自己的后路，接下来就剩下被"请"出去了。大多数销售人员都败在这个地方，因为他们的头脑中已经形成固定思维，心里觉得自己是在没有预约的情况下拜访客户的，所以肯定会被前台拦下。心中这样想，自然就没有底气，被前台拦下也就没什么奇怪的了。虽然这个回答很坦诚，但是对自己的销售工作没什么好处，是很不明智的回答。

第二种方式，销售人员请求前台："你现在帮我预约一下不行吗？"往往会得到前台否定的回答，或者只得到前台的一句敷衍性回答，也起不到实质性的作用，最后只得无功而返。

其实，提前预约是很多公司都有的规定，没有提前预约一般很难实现拜访。对于前台来说，"挡驾"是他们的职责所在，也是工作的一部分。销售人员可以用模糊的回答蒙混过关，或者说一些深奥的技术专用名词，暗示前台这次拜访很重要。

假如碰到较真的前台，可以告诉对方："我和你们采购部经理昨天刚见过，能不知道他很忙吗？假如没有预约，我怎么会冒昧打扰呢？"需要注意的是，这样说时要底气十足，不能被前台看出破绽。

客户下逐客令，应对有绝招

耶鲁马·雷达曼曾说过："销售就是从被拒绝开始的！"生活中，许多人都对贸然登门拜访的销售人员很反感，所以经常下逐客令。此时，许多刚入职的销售人员会选择放弃，放弃的次数多了，对上门推销也就失去了信心。选择放弃的销售人员甚至经常会向自己的同事或家人抱怨，说客户的架子太大，或是说客户不近人情。

其实，面对没有预约就登门拜访的陌生销售人员，客户下逐客令是很正常的，因为每个人都会有防范心理。对于销售人员来说，拜访陌生客户是一件非常棘手的问题，是一个很难跨越的障碍。一些销售人员刚进客户家门，仅仅说明了一下自己的来意，还没开始介绍产品，就已经被客户扫地出门。

客户下逐客令后，许多销售人员都觉得已经无望了，被客户的表现所困扰，似乎觉得推销工作已经无法进行下去。然而，要想成为一名合格的销售人员必须逾越这一障碍，调整好自己的心态，想方设法让自己从这种消极的心态中解脱出来。

小李是一家礼品公司的推销员，每天都要拜访陌生的客户。一次，他来到一位陌生客户家门前，敲响了客户的房门。为他开门的是一位四十来岁的女士。

小李连忙介绍说："您好，阿姨，打扰您一下。我是一家礼品公司的销售员，想要向您推荐一下我们公司的产品。这款产品……"小李的话还没说话，就被客户打断了。

女主人没好气地说:"你不用多说了,我是不可能买陌生人的东西的。你还是去别人家推销吧,别再我这儿浪费时间了。"

小李忙说:"阿姨,您放心,我不是骗子,只是一名上门推销的普通员工而已。您不信任陌生人是可以理解的,现在许多陌生人都是骗子,可是我不同呀,我是正规公司的员工,这是我的工作证和身份证。"

女主人看了看小李的工作证和身份证,戒心稍微小了些,但是依然不敢相信他。

小李接着说:"您不用担心,虽然我是来向您推销产品的,但是您有不购买的权利呀。我的要求不多,只希望您给我一个说话的机会,让我介绍完我们公司的产品,也许正好是您所需要的。如果到时您依然拒绝,我不会赖在这儿不走的。"

女主人终于消除了戒心,对小李说:"那你说说吧!"

案例中推销员小李的话还没说话,客户就已经下了逐客令,理由是"我是不可能买陌生人的东西的"。遇到这种情况,销售人员应该在最短的时间内调整自我,然后可以诚恳地对客户说,自己不是骗子,只是努力工作的普通员工,顺便向客户展示自己的有效身份证件,消除客户的疑虑。销售的成功在于消除客户的戒心,缩短和客户之间的距离,营造一个良好的销售环境。

客户下逐客令时,如果销售人员选择放弃,最后只能灰头土脸地离开,也许本可以成交的机会就这样错过了。所以,销售人员要增强自信,激励自己。可以在心里对自己说:"我是来满足客户需要的,我的产品可以给客户带来利益,所以要让客户知道,听听我的介绍,否则客户就会失去这种利益。"

需要注意的是,销售人员在登门拜访时,要表现出自己的真诚,同时说话要庄重,用认真负责的态度和客户交流,而不表现得轻浮、随便,也不是花言巧语、信口开河地和客户交流。除此之外,销售人员还要注意说话的语速,不可说得太快,交流时不要左顾右盼,也不要表现出心不在焉的样子,要直视客户的眼睛，表现出对客户的尊重。

　　总之，客户下逐客令并不可怕，只要销售人员不失去信心，懂得赞美客户，用真诚拉近与客户的关系，就能消除客户的戒心。客户之所以下逐客令，只是因为他们对销售人员不够信赖，此时，销售人员不要觉得委屈，而要降低自己的姿态，用真诚说服客户。

客户说"考虑一下"时，要抓住他的心动时机

销售人员都遇到过这样的客户，快要成交时，客户突然以"我考虑一下"或"我再想想"为借口来拒绝销售人员。听到这些话时，许多销售员都会觉得这是因为客户没有购买的欲望，其实并非如此。客户说"我考虑一下"或"我再想想"，并不代表着客户没有购买的欲望，而是出现了一些阻碍成交的因素。这个时候离成交已经近在咫尺。

有一家很有名的杂志社，社长希望在广告版面上刊登一些广告，提高杂志的赢利。于是，他多次和一位客户预约，希望对方把他们公司的产品刊登在杂志上。

功夫不负有心人，客户终于同意和他见面了。

见到客户后，双方互致问候，很快就进入了主题。

社长开门见山地说："很多企业都喜欢通过展会来推广自己的产品，觉得展会是最直观的方式，可以和潜在买家零距离接触，却忽略了展会的费用比平面媒介的费用高很多这一因素。其实，展会是必须要做的，在杂志上投放广告也是必须要做的。您可以想一下，假如您的竞争对手都在杂志社投放广告，只有您没有选择这种方式，最后会是什么样的结果。"

客户说："就算我们要在杂志上投放广告，为什么一定要选择你们家的杂志呢？"

社长笑了笑，对客户说："我正要向您解释这一点。我们家杂志的发行量就不用多说了，恐怕在国内的杂志社还没有哪家可以与我们杂志社的发行量相匹敌；就说一下我们杂志的读者吧，您可以看一下，在我们杂志的读者中，有一大把都是您公司的潜在客户，所以我觉得，您不在杂志上投广告就算了，要在杂志上投广告，我们杂志社是您最好的选择。"

客户动摇了，在做决定时却说："您留一张名片，我再考虑一下，考虑好了再答复你。"

不少销售人员听到客户说"我再考虑一下"时，总觉得这是客户的推辞。因此，这些销售人员往往会顺应客户，对客户说："好吧，我就等着您的回复。"然后和客户道别，离开了客户的办公室。这样做会有什么后果呢？等你再次征询客户的意见时，对方却对你说："对不起，我们已经和其他公司合作了。"

还有一些销售人员，听到客户说"我再考虑一下"，还没有搞清楚客户的真正意图，就贸然向客户提出返利、优惠等一系列的让步条件。客户原本已经动摇，甚至已经有了成交的意向，听到你提出的让步条件后，也许会觉得可以通过谈判争取更大的利益，于是就更要考虑考虑了。

也有一些销售人员比较直接，听到客户说"我再考虑一下"后，就生硬地劝客户别再考虑了，不然就会错过这次难得的机会。这种方式难免有"霸王硬上弓"之嫌，很难让客户接受，更不可能让客户觉得踏实，只会增加客户的顾虑。在这种情况下，即便已经说服客户做出成交的决定，也会因为客户的疑心而有毁约的风险。

当客户说要考虑一下时，销售人员要搞清楚客户的真实意图，然后再拿出自己的应对之策。

许多客户都很精明，之所以告诉销售人员要"考虑一下"，是因为想借助这一点要挟销售人员，借机争取更大的利益。假如销售人员不明就里，很可能会因此错过成交的机会。一个原本可以成交的单子就这样死在自己手里，岂不可惜？

还有一些客户对产品很感兴趣，只是没有弄清楚销售人员的介绍，对其中的某个细节存有疑虑。遇到这种情况，销售人员可以说："也许我刚才没向您解释清楚，您还有一些疑问，所以才说要考虑一下。您有什么疑问尽管说出来，我会一一解释清楚的。"采用这种方法，销售人员就可以问清楚客户拒绝的原因，然后再对症下药，消除客户的疑虑。

假如客户对产品的效果心存顾虑，所以说要考虑一下，销售人员可以对客户说："既然您对我们的产品还不太信任，这样吧，我把我们曾经的客户都告诉给您，您可以了解一下他们使用后的效果。这是他们的名单和电话，您可以直接联系他们，相信他们的回答肯定能坚定您对我们的信心。"

总之，当客户说要考虑一下时，应尽量不给客户考虑的时间，否则很可能会导致无法成交。正确的做法是趁热打铁，让客户明白，假如一直拖延下去，最后只会损害客户的利益。可以对客户说："考虑一下是好的，这样更稳妥。不过，您要明白，机会不等人，有时候做决定就要果断一些。假如您错过这次机会，到时我可能也帮不上忙，希望到时您别见怪。"

客户说"价格太高"时，要谈一谈商品的价值

在销售过程中，当销售人员向客户介绍产品时，很多客户都表现出浓厚的兴趣，对产品的质量非常认可，可是最后却因为价格太贵而放弃购买。这类客户的拒绝理由是："你们家产品的质量的确非常好，我特别满意，可是价格让人接受不了。如果不能优惠，我就只能忍痛割爱了。"

对于客户提出的"价格太高"这样的问题，其实严格地说并不算是一种拒绝，而是一种积极的信号，因为"价格太高"的潜台词是：除了价格太高，别的我都很满意。此时，销售人员要把握机会，想办法让客户接受这个价格，否则"价格太高"就真的成为一句拒绝成交的话了。

不过，销售人员不要忘了，很多时候，无论你的报价有多低，客户都会说你的价格太高，因为客户想让销售人员主动让利。对客户来说，说一句话又不需要付出什么代价，却可以帮自己省一笔费用，何乐而不为呢？

郭女士是一家大型商场的导购员。一天，来了一位顾客，挑选了很久，最后终于选定一件红色的连衣裙。

郭女士对顾客说："这件衣服是我们今年刚上市的最新款，穿在您身上显得比较时尚，您看效果多好！"

顾客说："相比其他衣服，我比较喜欢这一件，不过它的价格太高了，我接受不了。"

郭女士说："这件衣服确实比其他衣服贵一些，不过，咱们都知道，'一分价钱一分货'，贵有贵的道理，这从侧面反映了它的质量好，所以价格才贵一些。花钱买个放心，值得！"

顾客说："虽然这么说，但是价格太高了我也很难接受的。"

郭女士说："您可以这么想，这件衣服的价格是600元，假如能穿6年，一年才100元，每天才几毛钱而已。当然了，这衣服的质量这么好，绝对不可能只穿6年。您可能会觉得什么衣服能穿6年啊，穿个两三年就扔了。咱们就拿穿2年算吧，一天平均下来还不到1元钱，并不算贵。"

顾客说："您给我打个八折吧，否则我就不要了。"

郭女士回答说："我非常想让您带走这件衣服，因为它太符合您的气质了，可是我不是老板，没这个权利。我们家的衣服都是原价出售，即便是节假日也没有折扣的，看似不公平，其实是最公道的。总比一些商家把衣服的价格提高到原价的两倍，然后告诉您打五折要好吧？"

顾客说："不行，价格太高，一定得给我打个折。"

郭女士说："我真的没有这个权利，要不这样吧，您要是实在觉得价格太高，我就带您试一下别的衣服。这件衣服您回去再考虑一下，觉得合适了再来拿。"

顾客意识到价格实在降不下去，只得高价成交了。

其实，高价成交的客户反而更高兴，一方面是因为高价会让他们觉得衣服的质量好，值这个价；另一方面是因为他们觉得产品的价格是固定的，不至于被商家欺骗，所以心理比较平衡。

在销售过程中，经常碰到一些讨价还价的客户。讨价还价是一个非常正常的环节，一般到了这个环节，也就预示着成交已经完成了一大半了。不过，客户提出降价的请求时，销售人员依然不能掉以轻心，可以委婉拒绝，但是不能直接回绝。

直接回绝是一种伤害客户自尊心的行为，很难让客户接受。实际上，许多商品之所以没有成交，就是因为客户提出降价请求后，销售人员毫不留情地拒绝了，让客户觉得自尊心受到了伤害。推销产品时，就算没有议价空间，客户提出降价要求，销售人员也要给予理解，而不是用生硬的措辞拒绝客户的请求，否则就会引发客户的逆反情绪，导致交易失败。

任何客户买东西都想要最大的优惠，这是一种无可厚非的消费心理。当客户提出降价请求时，销售人员可以因势利导，不让客户一直在价格上纠结。具体的做法是，销售人员可以把客户的目光吸引到商品的价值上，从"贵不贵"的问题转变为"值不值"的问题。

客户以"价格太高"为理由拒绝成交时，销售人员首先要认同客户的观点，然后把产品的优势介绍给客户。如此一来，客户的注意力就会转移到产品上来，销售人员也就把主导权掌握在自己手中了。研究表明，在选择产品时，许多客户都把产品的品质和服务放在第一位置，看重价格的只有很少一部分人。所以，销售人员不要在价格上和客户过多地纠缠，而要巧妙地转移客户的视线，让客户关注产品的品质和服务。

销售大师戴夫·多索尔森：从拒绝理由入手寻找说服客户的机会

戴夫·多索尔森曾说过："遭到客户的拒绝并不是失败，而是成功的一部分。"实际上，即便是那些经验丰富的销售明星，也都曾经遭受过客户的拒绝。对于销售人员来说，遭到客户的拒绝是一件非常普遍的事情，因为销售原本就是一个不断被客户拒绝的工作。

一项研究表明，成交案例中的80%都是拜访客户五次之后才敲定的。令人遗憾的是，许多销售人员都没能坚持到底，刚见客户一两次，就因为客户的拒绝而退缩。

因此，销售人员不要把客户的拒绝当作一种挫折，而是要用积极的态度去迎接它。遇到拒绝你的客户时，要积极想办法，找出被拒绝的原因，然后从客户拒绝你的原因入手找到说服他们的机会，最后成功和客户达成交易。

戴夫·多索尔森曾经给一位客户打电话，希望客户给他一个坐下来好好谈谈的机会。

电话接通后，戴夫·多索尔森表明了来意，提出要去客户的公司拜访。可是，客户一口回绝道："非常抱歉，先生，我一直很忙，没有时间接待您。"

戴夫·多索尔森说："先生，我特别理解您，知道您的工作非常忙。但是我不会占用您太长时间，只需要给我3分钟就可以了，请相信我，您绝对不会因为抽出3分钟时间接见我而感到后悔。"

客户回答说："可是我现在真的没时间。"

戴夫·多索尔森接着说："没事的，先生，这样吧，您定个时间，选一个您方便的时间就好。我下个礼拜一和礼拜二都会在贵公司附近，如果您能抽出3分钟时间，我想在这个时间段拜访您，还请您不要推辞。"

　　客户回答说："你不用再说了，我对这些没有任何兴趣。"

　　戴夫·多索尔森锲而不舍地说："我能理解您现在的感受，您之所以没有兴趣，是因为您还没看到我带给您的资料，不清楚这对您来说意味着什么，心里面有很多疑惑，自然不可能对这些感兴趣。希望您给我一个机会，让我把这些资料给您带去，有什么疑惑时，我还可以当面给您解释一下。我这个礼拜一或礼拜二去拜访您，您看可以吗？"

　　客户无奈地叹了口气，在电话里说："行吧！但是我不得不提醒你，我没什么钱，你很可能会白忙活。"

　　戴夫·多索尔森说："要是这么说，我这个项目就更适合您了，因为它只需要您投入少量资金，就可以为您带来巨大的利润。"

　　客户终于被说服了，对戴夫·多索尔森说："那你来吧。"

　　通过这个案例，我们可以知道，有些客户一直找出各种理由拒绝销售人员，比如"没时间""没兴趣""没有钱"。其实，这些都是客户的借口，真正的原因是销售人员的话还没有引起他们的好奇心，没让他们看到能为他们带来什么样的好处。客户都有一个共同点，都喜欢接见那些可以给自己带来财富或利益的人，所以销售人员可以从这一点出发，寻找客户的兴趣点，让成交成为可能。

　　客户为什么会拒绝你推销的产品？是拒绝你的产品和你的服务还是拒绝你本人？这是每一个销售人员都应该深思的问题。假如客户拒绝的只是你的产品和服务，就要想办法改进自己的产品和服务；假如客户拒绝的是你这个人，就要改变自己的形象，赢得客户的信赖。

　　一般情况下，如果产品的质量的确存在问题，销售人员就要考虑协调相关部门，提高产品的质量，这样才能从本质上解决问题。如果产品的质量没问题，客户拒绝的原因是价格太高，销售人员就要考虑客户能够接受的价格范围，给客户一个合理的报价。

　　在现实生活中，大部分客户拒绝销售人员的理由都是借口，只有一小部分人是真的没有购买的需求。所以，作为销售人员，就要有戴夫·多索尔森的精神，不害怕客户的拒绝，迎难而上，和客户增进交流，寻找客户拒绝的真正原因，然后根据拒绝的原因找到说服客户的方法。

绝对成交

第九章
看透客户的心，
成交率百分之百

销售界有一句至理名言："成功的销售人员一定是一名伟大的心理学家。"的确，"知己知彼"，才能"百战不殆"。单靠三寸不烂之舌是无法成功说服客户的，销售人员还需要洞察客户的心理，如此才能在销售过程中占据主导地位，实现百分之百成交。

销售也讲究"攻心为上"

《孙子兵法》告诉我们与敌作战要"攻心为上"。其实，商场如战场，商场上也一样讲究"攻心为上"。在销售的过程中，什么时候才是最佳的说服时机呢？是刚开始交谈就迅速攻占对方内心的时候。

一般情况下，客户总是把自己的真实想法隐藏起来，不肯透露给销售人员。遇到这种情况，销售人员就要识破客户的心理，想方设法去了解客户究竟在想什么。有些销售人员不明白客户的意图，无法为客户提供优质的服务，因此失去很多客户。等客户说出自己的意图后，销售人员就会有一种恍然大悟的感觉。不过，在客户没有透露他们的真实想法之前，销售人员要投入大量精力，想方设法弄明白客户到底在想什么，只有这样，他们才不会拒绝我们的产品或服务。

相反，一些销售人员则不肯在同一个客户身上浪费太多精力，只找那些能快速成交的客户。虽然这样做节省了时间和精力，但是同时也错过了许多订单。优秀的销售人员应该懂得一些心理学知识，能够准确把握客户的心理，知道客户的所思所想。

搞定客户是一门学问，必须建立在读懂客户心理的基础之上，因为只有读懂客户的心理，才能知道客户在想什么；知道客户在想什么，才能搞定客户。

有一天，一个小女孩想让她的爸爸给她买一套运动服。其实，这是一个特别小的事，因为她的爸爸很疼爱她。但是小女孩已经有一套运动服了，是她爸爸刚买给她的，爸爸提倡勤俭，想要说服他再给自己买一套并不是一件简单的事情。

为了让爸爸再给自己买一套运动服，小女孩想了一个独特的方式。她没有像别的小女孩那样撒泼要赖，也没有像别的小女孩那样苦苦哀求，而是特别认真、可怜地说："爸爸，你见过一个只有一套运动服的小女孩吗？"

小女孩的爸爸听了这话后，心中一阵酸楚，觉得自己算不上是一个好爸爸，别的小女孩都能买很多套运动服，而自己的孩子却只有一套。于是，小女孩的爸爸立即决定给小女孩再买一套运动服。

小女孩的妈妈觉得这件事情很奇怪，就问小女孩的爸爸："你不是提倡节俭吗？为什么又给她买了一套运动服？"

小女孩的爸爸回答说："当时我觉得特别难受，让自己的孩子受委屈了，节俭可以从其他方面节俭，但是不能让自己的孩子太苦了。"

不得不佩服，小女孩真的很机灵，竟然懂得大人的心思，用一句话就说服爸爸又给自己买了一套运动服。小女孩的目的很明确，就是要说服爸爸给自己买一套运动服。但是，她没有无理取闹，而是利用同情心说服爸爸，让他知道买第二套运动服是一件合情合理的事情。其实，销售人员也可以勤动脑子，读懂客户在想什么，然后想出一个巧妙的办法说服客户。

许多销售人员业绩平平，根本的原因在于他们看不透客户在想什么，只知道滔滔不绝地说个没完没了。用这种方法很难与客户接近。客户常常会拒绝，甚至故意躲着销售人员。"知己知彼，百战不殆。"在销售工作中，这是一条永远不会过时的真理。要想攻破客户的心理防线，销售人员应该在第一次接触客户时明白客户的心思，然后根据客户的心理说服客户。

总之，和客户交流的过程，就是一种心理博弈的过程，能否成功说服客户，关键在于能否掌握客户的心理。销售人员只要懂得"攻心为上"的道理，就能顺利地达到成交目的。

利用顾客爱占便宜的心理，玩一些价格游戏

价格是推销产品时非常敏感的一个因素，产品的价格合理才能被顾客接受。逛街时，我们经常能看见标价为98元、198元、298元之类的商品，为什么商家不把这些商品标价为100元、200元、300元呢？其实，商家这样做是有一定道理的。在购物时，顾客都有一种贪图便宜的心理，并且希望图个吉利，这种标价正是利用了顾客的这一心理。

因此，商家总是喜欢玩数字游戏，利用顾客贪图便宜、图吉利的心理，把价格尾数定为98元、99元等。这是一种吸引顾客的好方法，也是把心理学应用到商品上的经典案例，销售人员应该善于利用这种定价方式。

另外，顾客都喜欢砍价，出现这种现象是因为顾客想得到优惠，担心销售人员赚得太多，自己心理不平衡。比如在买衣服时，就经常出现这种情况。

顾客刘平要买一件长裙，挑选好后，进入了砍价环节。

刘平问店主："老板，这衣服多少钱？"

店主回答说："300元。"

刘平说："您要价太高了，就说个实价吧！如果合适的话，我就拿走。"

店主说："如果您真心想要，就拿260元吧！这衣服之前一直卖580元的。"

刘平说："不行，260元太贵了，这衣服根本不值这个价。我给您150元怎么样？能卖我就拿走，不能卖我就再看看别的。"

　　店主回答说："不行，150元还没我的进价高，我不可能赔钱卖给您，多少得让我赚点。这样吧！您给220元，真的不能再少了。"

　　刘平说："我给您的价位已经很高了，您肯定不会赔钱，只是少赚一点罢了。这样吧！我再给您加10元，160元，如果不行，我真的走了。"

　　店主说："不行，不行，真的不够本钱，不然我就卖给您了。您看看我们的进价表，进价时就190元呢，加上店面租金、人员成本，要您220元并不算高。如果您觉得不合适，就只能看看别的衣服了，这件衣服少了220元您绝对拿不走。"

　　刘平看了看进价表，对老板说："您进价190元，我给您200元，少赚点，下次我还来这里买衣服。"

　　店主说："200元我还赔钱呢，再给我加10元，衣服您带走。"

　　刘平说："就200元了，不加了，我觉得这样已经给高了。"

　　店主说："行吧！200元就200元！您可真会砍价，这款衣服卖这么多，没有低于260元的，您200元就拿走了。唉，我赔本买个回头客，以后多照顾我的生意就行了。"

　　刘平说："行，没问题，我以后常来。"

　　砍价就像一场拉锯战，价位是否合理并不是最重要的，最重要的是要满足顾客的心理价位。其实，店主的进价表并不是真实的，这款衣服的真实进价不过100元钱，既然这样，为何能高价成交呢？就是因为店主懂得顾客的心理，懂得满足顾客赚便宜的心理。

　　许多商家为了招揽顾客，还经常使用招揽定价法，也就是说把某一样产品的价格定得特别低，从而吸引大量顾客，用这种方式带动其他高价产品的销售。比如超市把鸡蛋的价格下调到成本价格以下，这样可以增加超市的客流量，进而提高销售额。

　　招揽定价法最好的例子莫过于美国纽约的"99美分"商店。该店的规模非常小，出售的商品有厨房用品、五金、日用百货和常见的药品等。商店里的商品价格均为99美分，只比1美元少1美分，却迎合了消费者贪图便宜的心理。这种定价不仅让顾客觉得商品的价格定价精确，还能让顾客觉得商品的价格偏低。相反，如果把商品的价格提高1美分，变成1美元零1美分，就会让顾客觉得价格有些高。

心理学研究表明：价格尾数的微小差别在很大程度上影响了消费者的购买行为，迎合了消费者追求廉价的消费心理。一般来说，无论商品的价格低于或高于100元，可以把价格尾数定为9或8。确定价格尾数时，应该多运用6、8、9，不能用4、7之类的数字。

先交朋友再做生意

　　一般情况下，人们比较相信自己的朋友，却不敢相信陌生人，对陌生人都有一种戒备和排斥心理。销售也是如此，假如客户觉得销售人员把他当朋友了，就等于成交了一半。如果客户把销售人员当朋友，就会对销售人员推销的产品深信不疑，相信销售人员所说的每一句话，时间久了就会对销售人员产生一种信赖感。也就是说，假如销售人员可以和客户做朋友，就可以把客户变成最忠实的客户。

　　先做朋友后做生意，这几乎已经成为一条不变的定律。销售人员的业绩不在于销售人员拥有多少知识，而一定程度上取决于销售人员认识多少朋友。在通往成交的路上，人脉无疑是一张最有效的门票。因此，销售人员要不断地和客户交朋友，建立自己的人脉圈。投资到人脉上也许不能在短期内收到回报，但是从职业生涯的长远角度考虑，销售人员的投资是值得的。所谓的投资到人脉上，并不是投入金钱，而是真正把客户当成朋友。

　　当今社会，市场竞争越来越激烈，客户的地位已经发生翻天覆地的变化，客户不可能像以往那样，为了购买商品去刻意讨好销售人员。客户不仅不会去讨好销售人员，还要支配销售人员，因此，赢得客户的销售人员才能顺利成交，成为销售领域的佼佼者。

　　很多销售人员都把和客户谈生意当成是一件十分严肃的事情，觉得在销售过程中一定要时刻注意每一个细节，和客户沟通时小心谨慎，不说和销售无关的题外话。可是他们并不知道，许多优秀的销售人员和客户谈生意时，经常会把生意之外的事情看得特别重要。从表面上看，这些事情和生意没什么关联，可是实际上正是这些生意之外的事情决定了能否成交。因此，销售人员要把客户当成朋友，以对待朋友的心态对待客户。

小刘是一家医疗器材公司的销售经理，销售业绩总是比其他分店销售经理的业绩好，他的诀窍就是和客户交朋友。

医疗器材销售并不是一件简单的事情，不仅要求产品的质量好，还要有较好的人际关系。在这个竞争激烈的环境里，如果能够和医院的领导成为朋友，赢得他们的信赖，成交自然就不是问题了。

医院的院长爱好骑行，经常在业余时间加入骑行团队，和自己的队友一起到郊区骑行。为了拿下这个订单，小刘也加入这个骑行团队，每逢周末就和院长一起到郊外骑行。两个人年龄相仿，共同话题很多，在路上聊了很多，发现彼此很投缘。小刘原本不具备很强的竞争力，但是通过这种方法他很快赢得了院长的信任，最后得到了订单。

许多成交都不是在工作时间完成的，而是在工作之外完成的。一些销售人员认为赚钱是销售工作的唯一目的，和客户之间的情感交流只是次要的，哪怕和客户发生冲突也没什么大不了的。其实，有这种想法的销售人员并没有了解销售的初衷。

销售人员理应和客户交朋友，像对待自己的朋友那样对待客户，只有这样才能和客户保持紧密关系，赢得客户的认可，提升销售业绩。和客户相处时，销售人员要拿客户当朋友，用真诚的态度赢得对方的信任，从简简单单的合作关系逐渐发展成朋友关系。因为只有把客户发展成为朋友，销售人员才能得到订单，把客户发展成最忠实的客户。

把客户当成朋友，客户就不会有太多的束缚感，戒备心也会减弱，最后反而容易获得成功。见到客户时，销售人员不要立即向客户推销自己的产品，而应该在轻松的环境中和客户聊一些和生意没有关系的事情，比如社会上的奇闻逸事，彼此的生活、各自的家庭等。必要的时候还要请客户一起吃饭，让客户找到和老朋友相处时的感觉。总而言之，只有把客户当成自己的朋友，才能赢得客户的信赖，提高成交的可能。

对于销售人员来说，把客户变成朋友是一件美事，是值得高兴的。做生意离不开人脉的积累，不断和客户交朋友，请客户给我们介绍生意，销售人员的业绩自然会提升。从另一个角度来讲，即便彼此做不成生意，多个朋友也多一条路，何乐而不为呢？

客户是"鱼"，赠品是"鱼饵"

心理学上认为，给客户一些好处，会让客户产生负债感，促使客户产生通过相同方式偿还这份人情的想法。销售人员可以利用客户的这一心理，把它运用到销售工作中，为客户提供一些小恩小惠，满足客户的利益，这样才能让客户果断地接受交易。

超市里，我们经常能看见赠品营销的广告。比如，买一大桶油送一小桶油，买压力锅送蒸锅，买方便面送精美小碗，买洗衣粉送塑料盆。为什么商家对赠品营销情有独钟？其实，并不是商家对赠品营销情有独钟，而是客户买东西时总是希望获得一些赠品。

比如，两个不同品牌的汽车，各项性能都差不多，客户犹豫不决，不知道该选择哪一个品牌。此时，如果其中一个品牌推行赠品策略，买汽车送行车记录仪、汽车脚垫和倒车影像，就能大大提高品牌的竞争力，把客户争取过来。

为什么会这样呢？试想一下：如果我们是客户，面对两个不同品牌的汽车，其中一个品牌的汽车免费赠送行车记录仪，我们就会联想到一旦这辆车发生交通事故，这个行车记录仪可以帮助我们记录下事情的经过，甚至可以帮助我们预防那些不法的碰瓷行为；如果免费赠送倒车影像，就可以在我们倒车时及时掌握车后的状况。有了这些赠品，相信不少客户都会心动，这就等于附带赠品的品牌竞争力明显提高了。

赠品可以激发消费者的购买兴趣，虽然是"羊毛出在羊身上"，但是消费者并不注重这些，他们注重的不是能否赚便宜，而是能否有一种赚便宜的满足感。因此，许多厂家为了吸引消费者，不遗余力地推行赠品营销策略，大大提高了产品的销售业绩。不过，赠品营销策略虽然好，但是使用不当则会适得其反。

王女士在一家商场买了一件衣服，付款后从销售员那里获得了一张赠品券。销售员对王女士说："凭此券可以免费领取一枚珍珠，不用您花一分钱，多好的事呀！"

听了销售员的话，王女士十分开心，以为自己捡了大便宜，只是买了一件衣服而已，竟然能免费领取一枚珍珠。王女士心想：不要白不要，反正不要钱，领就领呗！于是，她来到同层的珠宝专柜，向销售员出示赠品券后，销售员满脸堆笑地从柜台中取出一个贝壳，然后用钳子取出藏在里面的一颗珍珠。王女士第一次见到这种从贝壳中取珍珠的场面，对此非常好奇。

此时，销售员对王女士说："我立即给您做成珍珠项链，这颗珍珠是今年最流行的，戴在您身上一定非常漂亮。这样吧！您先去收银台交一下钱，等回来我就做好了。"

王女士大惑不解："交钱？不是免费领取的吗？怎么还要交钱？"

销售员回答说："没错，珍珠的确是免费的，平时的售价是168，现在只收取68元，只够我们的加工费。"

王女士说："如果是这样的话，我就不要了，因为我不知道还要收取加工费。"

销售员灿烂的笑容立即不见了，生气地说："您如果不要，应该早点提出来，现在我已经取出珍珠了，怎么能不要呢？如果您不要，经理就要让我负担这颗珍珠的费用。"

王女士听了这话有些生气了，责问她说："您取珍珠之前征求我的意见了吗？告诉我你们还要收取68元的加工费了吗？有什么后果您自己承担，和我没有任何关系。"

案例中的王女士原本只是想买一件衣服，听到珍珠免费后才想领取一枚，没想到销售员竟然要求她交68元的加工费。68元虽然是一个小数目，但是销售员并没有事先征求王女士的意见，没有把收取加工费的事情告诉王女士，所以才引发冲突。

现实中，有太多这样的案例，销售人员把自己推销的产品伪装成赠品，然后以种种名义向消费者索要一定的费用，变相把产品卖给消费者。销售人员为了成交，使用一些营销手段，利用赠品激发消费者的购买欲，是无可厚非的。但是把赠品变成隐形消费，通过收取加工费的方式变相收取消费者的费用，就属于欺骗消费者了。赠品营销应该是实实在在的，让消费者花钱买个高兴，而不是利用消费者爱贪图小便宜的心理强迫消费者购买产品。

给足面子，满足顾客小小的虚荣心

　　著名的哲学家马斯洛把人的需求分成五个层次，分别是生理需求、安全需求、社交需求、尊重需求和自我实现需求。针对顾客的尊重需求，销售人员可以充分利用这点，经常恭维那些爱慕虚荣的顾客，满足他们被人尊重的心理需求。

　　所谓被人尊重的心理需求，指的是他人对自己的认可和尊重。一般情况下，这样的顾客都有爱慕虚荣的心理，希望销售人员尊重他们，给予他们足够的重视。另外，他们希望身边的亲朋好友夸耀他们，说他们购买的产品有档次。销售人员应该充分利用他们的这一心理，多进行赞美，通过这种方式满足顾客的虚荣心。

　　随着生活水平的提高，越来越多的人开始追求高品质和高质量，对名牌情有独钟，在穿着、打扮方面投入大量精力和财力，都希望自己比别人高一头。这样的风气为商家带来了丰厚的利润。销售人员可以激发顾客的攀比心理，激起对方的购买欲，以这种方式实现成交的目的。比如，销售人员可以夸顾客的眼光独到，告诉顾客购买某款产品多么有面子，肯定能赢得很多人的认可，从而达到销售的目的。

　　小赵是一名汽车销售员。有一天，一名客户来买汽车。

　　小赵十分热情，和气地介绍了汽车的型号、性能、价格等，可是客户一直拿不定主意，挑选了很久也没有做出最终的决定。

小赵和客户聊了一会儿，终于知道客户是怎么想的。原来客户是想挑选一辆进口的汽车，觉得进口的汽车有面子，因为他的亲朋好友开的都是进口的汽车，自己买辆国产的可能会被亲朋好友取笑。不过，进口的汽车价格太高，买一辆进口的汽车回家后肯定会被妻子训斥。考虑到这两个方面，小赵才犹豫不决，不知道是选择国产汽车还是进口汽车。

小赵巧用客户的虚荣心，对客户说："先生，您的眼光真好，这款汽车可是进口的，只有成功人士才选择这款。这款汽车看上去大气、上档次，虽然价格高一点，但是很有面子。车是男人的脸面，可以没有上档次的衣服，但是不能没有上档次的车子。您可以想一下，就算是一个穿得破破烂烂的人，如果平时开着这辆车，也没有人会瞧不起他。相反，即便是一个西装革履的男人，如果开的不是这种车，别人也不会高看他。"

听了小赵的话，客户有些心动了，脸上露出笑容。但是，他脸上也带着几分忧虑，应该是怕妻子不同意，因为买车的事和他翻脸。

小赵察言观色，读懂了客户的顾虑，故意对小赵说："先生，我建议您先和太太商量一下再决定是否购买，毕竟买车是一件大事，一个人不好做主，很多先生没有和自己的妻子沟通就自作主张购买，最后闹得关系很僵。不过，一看您就是一家之主，在家里肯定是您说了算，不商量也行。"

客户听小赵这么说，只得硬着头皮说："没事，不用和她说，在家里我说了算，买辆车这种小事，没必要商量，我自己就能做主。现在就给我开单吧，我决定买了。"

小赵说："没问题，您稍等。"

一些心理学家发现，顾客之所以有爱慕虚荣的表现，是因为他们存在某些方面的不足，担心暴露而采取的措施。实际上，因为虚荣心而表现出的需求，也许并不是顾客的真实需求，但是许多顾客都会受虚荣心驱使而做出购买的决定。就像那些为了有面子而买房、买车的人一样，虽然超出了自己的承受范围，但是还是选择了死要面子活受罪。

因此，假如销售人员能够适当地满足顾客的虚荣心，通常可以取得理想的效果。赞美顾客可以满足顾客的自尊心，为销售工作添加润滑剂。有些经验丰富的销售人员，经常在顾客面前说："能让我佩服的人非常少，没想到今天遇到了一位。"在销售的过程中，假如销售人员发现顾客提出某件比较得意的事情，应该停下来赞扬一番。

每一位顾客都是上帝，是销售人员的衣食父母，销售人员要给足他们面子，而不是把他们分成三六九等。身为销售人员，面对不同顾客不能区别对待，而是要一视同仁，给足顾客面子，这样才能让顾客知道你对他的重视，顾客才愿意跟你合作。

顶级销售师博恩·崔西：寻找客户的兴趣点

博恩·崔西是博恩·崔西国际公司的主席兼CEO，曾经为500多家公司提供咨询服务，其中包括IBM公司、安达信公司和美国麦道公司等。他主持了300多种风靡全球的电台和电视财经节目，每年的听众多达45万人。从1988年起，他的教学训练课程在美国连续14年创下最高销售纪录。

博恩·崔西说："很多时候，推销人员和客户见面不到30秒就被赶了出来，这很大程度上是因为推销人员的话根本不能引起客户的兴趣。如果你在推销产品的时候，引起了客户的兴趣，你的客户就比较容易接受你的拜访，甚至顺利签约，因为当你们的谈话已经达到老朋友的状态时，相当于是作为朋友的你给对方提出建议，推销就有了90%的成功希望。"

在博恩·崔西看来，销售人员不应该一开始就滔滔不绝地介绍自己的产品，妄图让客户认真听自己介绍产品的优点；也不应该不顾后果地向客户推销，让客户多了解一些产品的信息。也许销售人员本人觉得这是敬业的表现，但是实际上只会得到相反的结果。

博恩·崔西还认为，我们和客户在同一个时代和同一个空间生活，既然如此，就一定可以找到和客户的相同或相似之处，比如相同的生活环境、相同的工作性质、相同的兴趣爱好、相同的生活习惯等。这些就像写文章时想到了一个好标题，找到了共同点，就一定可以拉近和客户之间的距离。

一次，博恩·崔西要向一家大银行推销自己的产品。于是，他收集了一些相关的资料，然后给这家银行的负责人打电话，希望对方给自己一个机会，来听听新产品的发布会。

刚开始时，博恩·崔西直接介绍自己的意图，对这家银行的负责人说："您好，我叫博恩·崔西，是一家公司的销售代表，打电话给您的目的是想请您参加我们的一个新产品的发布会。我们的新产品针对的正是银行这样的大客户，因此希望您能参加。"

没想到这家银行的负责人一口回绝了，对博恩·崔西说："非常抱歉，先生，我最近很忙，没时间参加什么发布会。"

博恩·崔西说："既然如此，请允许我在电话中介绍一下我们的新产品，好吗？"

"恐怕不行，因为我现在要赶赴一个紧急会议。抱歉，先生，我要和您说再见了。"

博恩·崔西想尽各种办法，但是都没能说服客户参加新产品的发布会。可是，博恩·崔西绝不是一个轻易认输的人，他又搜集了一些资料后，终于找到了切入点。

博恩·崔西获悉这位客户有一个孩子，那个孩子的年龄和自己孩子的年龄差不多。于是，再次拜访这位客户时，博恩·崔西就开始与客户谈论这个孩子，一会儿聊到孩子的健康，一会儿聊到孩子的性格，一会儿聊到孩子的习惯，一会儿聊到孩子的教育。

不久后，客户主动打来电话，要和博恩·崔西聊一聊合作的有关事宜。就这样，博恩·崔西终于得到了这个大订单。

大多数时候，销售人员和客户见面还不到1分钟，就被客户赶出去了。为什么会这样呢？因为客户对销售人员的话没有任何兴趣，不想听销售人员继续啰唆下去。推销产品时，假如销售人员可以引起客户的兴趣，从客户感兴趣的话题切入，客户就比较容易接受销售人员的推销行为。

许多缺乏经验的推销人员想说什么就说什么，只顾自己滔滔不绝地说，对客户的兴趣点不管不顾，最后只能浪费时间和精力，没法打动客户。作为销售人员，要保证说出的每句话都是客户喜欢听的，把每句话都说到客户的心坎上。为了达到预期的效果，销售人员事先要花一定的时间和精力询问或调查，寻找客户的兴趣点，这样就能保证沟通时有共同话题。

寻找客户的兴趣点要做到一点：销售人员把客户的爱好作为自己的爱好，把客户感兴趣的话题当作自己感兴趣的话题。只有达到这种境界，销售人员才能在和客户沟通的过程中实现互动。一些销售人员不懂得这个道理，对客户感兴趣的话题兴味索然。客户看到销售人员的表情后瞬间没了热情，觉得特别失望。

所以，为了和客户聊得来，让客户找不到下逐客令的理由，销售人员应该多培养一些兴趣爱好，积累各个方面的知识，拓宽知识的宽度。比如和客户聊聊彼此的工作和家庭，聊聊时事新闻，聊聊各项体育运动等，这样更有利于达到成交的目的。

绝对成交

第十章
引导客户，让他跟着
你的思维走

销售的过程就是销售人员用语言控制客户思维的过程。作为销售人员，一定要学会引导客户的思维，让他顺着你的思维走，这样你的销售就成功一半了。

用语言引导客户的思维，变被动为主动

销售的过程更像是一场谈判，能否占上风全靠销售人员的把控能力。假如销售人员想充当谈判的主角，不让客户牵着自己的鼻子走，就要用语言控制客户的思维。

跟着他人的思维走，这是每个人都有的思维模式，尤其是销售人员站在客户的立场上为客户着想时，客户的思维将更容易跟着销售人员的思维走。在销售的过程中，假如销售人员能用语言控制客户的思维，提升销售业绩就成了一件水到渠成的事情。

销售人员都希望客户做出的决定符合自己的意愿，但是又明白不可以把自己的意愿强行施加给客户，否则就会激怒客户，甚至导致客户的最终选择偏离自己的意愿。因此，销售人员要用语言控制客户的思维，让客户做出的决定符合自己的意愿。

小何是一名优秀的推销员，一直是公司的销售冠军。分享销售成功心得时，小何总结说："其实我的方法很简单，那就是用自己的语言控制客户的思维，让客户跟着我的意愿走。"

一名刚入职的销售人员问小何："能详细介绍一下你是怎么做的吗？相信肯定会对我们大家有帮助的。"

小何回答说："如果客户以'我现在非常忙'为借口赶我离开时，我就会告

诉客户说：'您工作繁忙说明您有赚钱的头脑，所以我觉得您一定认同洛克菲勒曾经说的话，他认为，每个月都要花一天时间在钱上仔细算一算，那样比把每一天都花费在工作上更重要。因此，我建议您也抽出一天时间仔细算一算，您只需要给我短短的5分钟时间就已经足够。不知您明天下午是否有空，如果没空的话，我们后天下午见怎么样？'假如客户以'我资金困难'为挡箭牌时，我就会告诉客户说：'最了解您资金情况的肯定是您自己，假如您的话属实，说明您现在的财务状况已经非常紧张，理财也就成了不得不做的了。刚好我可以在这方面为您提供服务，帮您解决一些小问题。'"

那名刚入职的销售人员继续问："如果客户说'咱们先谈到这里吧，我需要的话会主动联系你的'。我们销售人员应该怎么应对呢？"

小何回答说："如果是那样的话，我们可以说：'您现在对我们的产品认识还不够，因此没有什么购买的意愿，但是我依然想向您介绍一下我们的产品，方便您在今后选购时多一个理智的选择。'"

既然用语言控制客户的思维对成交有很大的帮助，那么在销售的过程中，销售人员如何用自己的语言控制客户的思维呢？

如果销售人员碰到自己不想谈论的话题，可以悄无声息地把话题转移，再把话题转到产品上来。假如销售人员跟着客户的思维一直走，那就不是控制客户的思维了，而是被客户控制自己的思维，这样不利于顺利地成交。遇到这种情况，销售人员可以转移话题，对客户说："听了您的话，我受益匪浅，突然想到一件事……""您正说着这件事呢，我突然想起另外一件事……"

销售人员应该变被动为主动，把客户要谈的话题转移到你要谈的话题上来，用自己的语言控制客户的思维。假如销售人员希望在刚开始交谈时就把话题权牢牢掌控在自己手中，然后牵着客户的思维走，就要先用语言引导客户，提前设置好问题，并让客户在这些设置好的问题中做出选择。

一个地铁站旁坐落着两家烩面馆。这两家烩面馆每日的客流量相差无几，烩面的价格也都一样。但是，其中一家烩面馆的营业额总是比另一家烩面馆的营业额高出一些，人们始终不知道是什么原因。

原来，事情的真相是这两家烩面馆的服务员引导顾客点餐的方式不同。其中一家餐馆的服务员等顾客进店坐下后，总是习惯地问一声："您好，请问您的烩面里加羊肉吗？"假如顾客回答说"加"，他就会在顾客的烩面里加一份羊肉。而另一家烩面馆的服务员却不是这样问的，顾客进店坐下后，他总是问顾客："您好，请问您的烩面里加一份羊肉还是两份羊肉？"一般情况下，顾客都会回答说："加一份羊肉。"最后，到这家烩面馆就餐的顾客几乎每人都要在烩面里加一份羊肉。这家店营业额自然要更高一些。

案例中的服务员用自己的语言控制住顾客的思维，引导顾客做出不符合他们本人意愿的选择，日积月累就提升了餐馆的营业额。因此，销售人员在与客户交谈的过程中，要学会利用语言控制客户思维的方法，善于引导客户购买自己的产品。

无论客户用什么样的借口来回绝你，你都不能选择退缩，而是要学会用语言控制客户的思维，把主动权牢牢掌控在自己手中，让销售进程完全按照自己的计划有条不紊地进行。就算客户说的推辞明显是一种借口，销售人员也不可直接点破，更不能当着客户的面露出怒色。经验丰富的销售人员一直在遵守着销售领域的潜规则：不管客户怎么说，销售人员都要表示支持，否则就会失去说话的机会，也就没有成交的机会。

让顾客觉得赚了，你就赢了

　　仔细观察我们身边的销售人员，也许你能发现在销售人员把商品卖给顾客的过程中有许多猫腻。引导顾客购买商品时，许多销售人员都会对顾客说："我们家的商品从来不打折，不过今天我给您破个例，给您一个最低的折扣价。不过希望您不要告诉任何人，否则我们的生意就没法做了。"有的销售人员明明当天已经卖出很多商品，却诓骗顾客说："您是我们今天的第一位顾客，我不图赚您的钱，只图开个张。给我个本钱，拿走吧！"

　　一般情况下，销售人员说过这段话后，许多顾客都会产生一种赚了便宜的满足感，于是爽快地付钱、离开。经验丰富的销售人员总能想出各种绝招，让顾客产生一种满足感，从而把商品卖给顾客。其实，顾客对产品的真实价格并不了解，追求的并不是接近产品的成本价，而是找到一种满足的感觉，只要他们自认为赚了很大的便宜，自然会心满意足地购买商品。准确地说，顾客追求的并不是便宜和高质量，而是一种心理上的满足感。

　　有一对准备结婚的年轻情侣为了装饰自己的婚房，来到了一家家具城。

　　女孩被家具城里的一面古典风格的穿衣镜所吸引，她对男孩说："快看，多么漂亮的穿衣镜啊！如果放在咱们家的卧室里，一定很漂亮，咱们把它买下来怎么样？"

　　男孩说："确实挺漂亮的，只不过这种风格的穿衣镜价格应该很高。这样吧，我最多出价1000元，他们如果卖就要，不卖就算了。"

男孩对销售员说:"你们家的穿衣镜多少钱?"

销售员回答说:"1980元。"

男孩说:"我这人做事干脆利索,不喜欢讨价还价。我只出价1000元,您要是觉得能卖,我就带走,如果您觉得不合适,那就算了。"

销售员没有丝毫犹豫,随即就对这对情侣说:"成交,拿走!"

事后,这对情侣并没有喜悦的感觉,都觉得这个穿衣镜不值1000元,他们的出价肯定太高了,否则销售员不可能这么爽快地答应。虽然最后1000元买下了这个穿衣镜,比原价少了980元,但是这对情侣一直闷闷不乐的,再也不相信这名销售员,买其他家具时特意避开这家,对这家家具店的诚信产生了很大的质疑。

为什么销售员让利这么多,却无法取悦这对情侣,反而引起他们的怀疑和猜忌呢?原因就是当这对情侣提出1000元买下这张穿衣镜时,销售员没有讨价还价就非常痛快地答应了,没有让这对情侣找到赚便宜的感觉。客观地说,这个价格已经是很低的价格了,销售员的盈利非常少。可是,顾客没有找到满足感,自然会产生一种上当受骗的感觉,把销售员看成一个骗子也在情理之中。

因此,在和顾客议价时,销售人员不要轻易屈服,而是要抬高自己的门槛,给顾客一种你在忍痛割爱的感觉,让顾客觉得你把这件商品卖出去并不开心。如果销售人员这样做了,顾客就会觉得你的要价合理,再降下去就没有利润了,所以心理上就会有很大的满足感。

销售人员应该明白一个道理:销售的最终目的是达到一个双赢的结果。经验丰富的销售人员应该让顾客离开时有一种双方都赢了的感觉,只有这样才能吸引顾客下次继续合作。假如销售人员和顾客在价格上产生冲突,销售人员就要采取彼此退让的策略,既不至于利润太低,又让顾客找到满足感。

能否让顾客找到满足感,可以看出销售人员的水平的高低。即便是同一件商品,水平高的销售人员以很高的价位成交也能让顾客找到满足感,而水平低的销售人员以很低的价位成交也会让顾客觉得吃了很大的亏。

利用从众心理，营造竞相购买的氛围

　　生活中，我们会发现：假如某个商场搞活动，门前排了一条很长的队伍，路过商场门口的人就会停下脚步，加入排队的队伍中。为什么会出现这样的现象呢？因为路人看到这种场景后，首先想到的是：为何这家商场有这么多人排队？也许有便宜可以赚吧！我千万不能错过这个赚便宜的机会。这就是从众心理。在这种心理的驱使下，商场门前的队伍会越排越长。其实，相比销售人员苦口婆心地劝顾客购买，利用顾客的从众心理，效果更为显著，因为顾客更相信身边的消费者，而不太相信销售人员。

　　从众心理，也就是某个人受到外界人群的影响，从而做出和大家一样的判断。通俗地说，也就是我们常说的"随大流"。它是一种比较普遍的社会心理现象，在生活中，我们经常会在不知不觉中受从众心理的影响。研究发现，几乎每个人都有从众心理。

　　在一个陌生的环境中，假如只留下一个人，这个人就会提高警惕，心理防线很难被攻破；假如留下一群人，他们的警惕性就会降低，心理防线很容易就能被击破。事实证明，生活中的大多数消费者都有从众心理，都希望跟随别人的行动，看到大家都在疯抢某款产品时，总希望跟着大家一块抢，甚至对这款产品的质量和价格都不再考虑。为什么会这样呢？原来，消费者在购物时，不仅仅考虑自己的需要，还会根据大多数消费者的购买行为而做出购买的决定。

　　消费者不敢选购那些很少有人光顾的商品，却愿意选购那些大多数人都认可的商品，因为他们觉得跟随大众的脚步总不会有错。许多销售人员正是利用了消费者的从众心理，故意制造一种大家争相购买的氛围，让潜在的消费者迅速做出购买的决定。

为了验证人们的从众心理，心理学家做过一个有趣的实验。他把甲、乙、丙三条线段画在黑板上，其中甲和乙的长度完全一样，而丙的长度明显比甲和乙的长度长一大截。实验邀请一组人到实验室里接受实验，这组人一共有9名，其中只有1名是事先什么都不知道的，而其他8名都是配合实验的人。

实验开始时，心理学家问参加实验的9名人员："现在我要问你们一个非常简单的问题，简单得连幼儿园的小朋友都能回答出来。我的问题是这三条线段哪两条一样长？"

问题刚提出来，那8名配合实验的人就脱口而出："甲和丙一样长。"另一名参加实验的人觉得莫名其妙，心想：明明是甲和乙一样长，丙比它们长很多呢！他们为什么都说甲和丙一样长呢？难道是我一个人错了？

心理学家又问了一次："你们确定吗？真的是甲和丙一样长吗？"然后逐一问那8名配合实验的人："你确定吗？"1到8号都回答说："确定。"最后心理学家问9号："你确定吗？"9号犹犹豫豫地回答说："确定。"

心理学家听了9号的回答后，问他："很明显，是甲和乙一样长，丙比它们两个都长，你为什么说确定呢？"

9号回答说："因为……因为大家都说确定，所以我以为自己错了。"

其实，这种现象比比皆是。甲和乙两个人提出两种不同的观点，假如大多数人都认为甲是对的，即便明知道甲是错的，剩下的一小部分人也会跟着认为甲是对的。

心理学家发现，每个人的潜意识中都存在一种强烈的归属感。一旦个人的感觉和大部分人的感觉不一致，就会放弃自己的主见，然后和大部分人保持一致。这样做的目的是不被他人看作异类，不遭遇大家的排挤。

　　购买衣服时，经常能听到销售人员这样对顾客说："这款是今年的流行款，已经卖出很多件，都是您这个年龄段的人。"销售人之所以要这样说，就是为了利用顾客的从众心理，引导顾客购买同款衣服。一般情况下，消费者都不愿意冒险，都希望在他人购买并给予好评后自己再购买，以防只有自己一个人做了冤大头。销售人员可以利用顾客的这一心理，对顾客说："这款产品是我们的流行款，是最畅销的一款，这几天抢购得差不多要空了，只剩下这几件了。"如此一来，顾客立即就会产生强烈的购买欲望。

　　总而言之，销售人员应该在销售过程中利用顾客的从众心理，创造更多的销售业绩。比如制造一种货源短缺的表象，或营造一种广大消费者都在疯狂抢购的热烈场面，让消费者产生一种"欲购从速"的紧迫感。

清扫疑虑，让顾客放心购买

怀疑是每个人与生俱来的心理，人总是怀疑有人对自己不利。比如，有人夸赞你，你就会想：为什么这个人要夸我，我又不认识他，他肯定没安什么好心。可见，怀疑心理是人们的普遍心理，也是一种与生俱来的自我保护的本能，有避免自己受到外界侵害的作用。

如今的市场复杂多变，每一位消费者都担心上当受骗，因此对销售人员都存有戒心。在许多消费者看来，销售人员的话是不可信的，里面有许多虚假的成分，如果消费者没有鉴别的能力，就会被销售人员欺骗。

为什么消费者会有这种心理呢？研究发现，这是因为消费者本人或消费者的亲朋好友有过上当的经历，要么是以前购买的商品没能达到自己的期望值，要么是听亲朋好友讲过他们上当受骗的经历。由于身边发生过太多销售人员欺骗消费者的真实案例，所以由不得消费者不提高警惕。一般情况下，消费者的怀疑心理会给销售工作带来极大的阻碍，所以，销售人员能否消除消费者的疑虑直接关系着最终能否成交。

张先生是一家软件公司的销售员。为了把一个办公软件卖给一家公司，张先生已经和这家公司的王总商谈过很多次。这家公司的软件系统每个月都会出现一些故障，严重影响了公司的工作效率，让王总不胜其烦。于是，王总决定购买一个比较稳定的软件，以便提高公司的工作效率。

张先生得知这个消息后，多次找王总洽谈，王总已经有一些购买的意向。不过，他在购买软件方面已经吃过几次亏，害怕这次购买的软件性能依然不稳定，既花了冤枉钱，又无法达到提高公司工作效率的目的。

张先生发现王总一直心存顾虑，迟迟不肯下单，于是张先生说："王总，您尽管放心下单。这个软件的安装、调试工作都由我亲自承担。假如在运行的过程中出现任何问题，或者无法让您满意，我承诺不收取任何费用，并且承担由这个软件给贵公司造成的一切损失。如果您不相信我说的话，我现在就可以与您签订一个协议书。"

王总发现张先生的态度非常坚定，觉得张先生应该是一个讲信誉的人，张先生推销的软件性能应该符合公司的需要，所以对张先生说："好吧，我同意下单。"

购买商品时，一些消费者心存疑虑，担心产品藏有猫腻，害怕自己上了销售人员的当。这也是社会上出现太多的骗子所致，已经让消费者深受其害，所以消费者看到热情的销售人员，很容易就会联想到自己曾经被骗的惨痛经历。遇到心存疑虑的消费者时，销售人员应该提供一份可靠的承诺，消除消费者的疑虑，让消费者觉得这是一次没有任何风险的交易。

案例中的王总对张先生推荐的软件信心不足，下单时顾虑重重，是因为他的公司已经上过很多次当，给公司造成了很大的损失。面对这种情况，销售人员能否消除顾客的疑虑，已经成为双方能否成交的关键因素。假如销售人员不能承诺什么，就很有可能失去成交的机会，也就无法提升自己的业绩了。

一般情况下，在销售人员面前，许多顾客都会表现得非常谨慎，唯恐上了销售人员的当。此时，假如销售人员急于求成，为了推销产品急于表现自己的诚信，反而不利于产品的销售。那么，遇到这种现象，销售人员应该和顾客心平气和地聊聊，询问对方有什么顾虑，为什么不肯接受你推销的产品，等问清楚拒绝的真正原因后，再想方设法消除顾客的疑虑。

对于销售人员来说，顾客心存疑虑是坏事也是好事，因为这虽然说明了顾客对销售人员不信任，但是又说明了顾客是诚心购买。面对心存疑虑的顾客，假如对方对商品的信心不足，担心商品的质量不好，销售人员不妨直接把产品的缺点告诉顾客，这样反而让顾客觉得你没有任何隐瞒，从而更加信任你。不过，销售人员要明确告诉顾客："每一样产品都有它的缺点，不可能是十全十美的。我推荐的这款产品刚好能符合您的需求，存在一些不足之处也是正常现象，所以希望您认真考虑一下。"销售人员主动说出产品的缺点，既可以避免和顾客发生直接矛盾，又可以赢得顾客的信赖。

总而言之，顾客心存疑虑是一种非常普遍的现象，假如销售人员无法消除这种疑虑，就不能赢得顾客的信赖。销售人员想要赢得顾客的信赖，最后和顾客达成交易，就要想方设法消除顾客的疑虑。

利用"威胁法"，让客户抢着签单

销售其实就是销售人员和客户之间的一场心理战，在这场战争中，要想让客户臣服，销售人员就要学会一种独特的成交法——"威胁法"。所谓的"威胁法"，指的是销售人员利用心理战术"威胁"客户，晓以利害，最后顺利成交的方法。

销售人员利用"威胁法"，既可以坚定客户购买产品的决心，又可以缩短整个消费过程耗费的时间，是一种行之有效的好方法。安全感是每个人都需要的，是人类的基本需求，这种方法正是巧妙地利用了客户担心失去某种利益、渴望得到安全的心理。

任何人都不希望在他人的威胁下做出决定，那样无异于有人拿着枪指着你的脑袋肆意指挥你。这里所说的"威胁"，并不是那种恶意的恐吓，而是认真分析客户的需求，晓以利害，给客户一个善意的提醒。这种"威胁"的原理是：如果客户不购买某款产品，就会失去许多利益，甚至连最基本的健康和安全都无法保障。相比介绍某款产品的优点，采取这种"威胁法"更能触动客户做出购买的决定，大大激发客户的购买欲。

因纽特人世代居住在寒冷的北极，那里四处都是冰雪，地面被巨大的冰块覆盖着，这里最不缺少的就是冰块。假如有人告诉你，推销员可以把冰块卖给因纽特人，你相信吗？

相信许多人都会坚定地说："不可能，因纽特人凭什么买？谁肯花这个冤枉钱呢？"然而，这件看似不可思议的事情竟然发生了，它就发生在著名的推销大师汤姆·霍普金斯身上。

汤姆·霍普金斯找到一位因纽特人，对他说："先生，您好！我是汤姆·霍普金斯，在北极的一家冰饮公司工作。我这次来的目的是向您推销我们公司生产的产品——北极冰。我们……"

汤姆·霍普金斯话还没有说完，那名因纽特人的大笑声就打断了他，对他说："老兄，您没搞错吧？推销北极冰？那您睁眼瞧瞧这些都是什么？"说着，他指向四周的冰块，然后接着说："看到了吧？这里都是冰，我们的房子都是冰做的，那可是免费的，我为什么傻到花钱买您推销的冰呢？"

汤姆·霍普金斯回答说："没错，先生，您的话非常对。不过，有个问题我不明白，您能告诉我为什么这里的冰不需要花钱买吗？"

那名因纽特人回答说："这个问题太简单了，根本不需要我回答。您看，到处都是的东西有必要花钱买吗？"

汤姆·霍普金斯说："这里没人看管，谁都可以像我们现在这样站在上面，您的邻居可以在冰上清除鱼的内脏，您邻居的小孩子可以在冰上随意玩耍，北极熊可以把排泄物留在冰上。先生，您想一下那幅画面吧！也许那就是它不需要花钱买的原因。"

那名因纽特人承认说："没错，它的确很脏。我突然觉得有必要买您推荐的冰块了。"

那名因纽特人从最初的排斥到最后的愿意购买，态度发生了180度大反转，之所以出现这种现象，就是因为汤姆·霍普金斯抓住了客户需要清洁后的冰块这一需求，然后用北极冰上有行人的脚步、鱼的内脏、北极熊的粪便来"威胁"客户，最后顺利成交。

"威胁法"是一种效果显著的成交方法，不过，能否使用好它是顺利成交的关键。使用这种方法时，要注意以下几个方面。

1. 暗示客户将失去某些利益

每一个人都害怕失去某些利益，这种心理在销售领域的表现是，客户担心错过最佳的购买时机。销售人员可以抓住客户的这一心理，暗示客户这款产品即将结束优惠，让客户产生一种紧迫感。这种"威胁法"可以大大提高客户的购买欲，让客户在短时间内做出购买的决定。比如，销售人员可以限制商品的数量，让客户觉得商品的数量有限，购买晚了就找不到这样的机会了；也可以限制销售的时间，让客户觉得优惠是有一定的时间限制的，错过了时间就无法享受优惠了。

2. 暗示客户可能面临的威胁

假如产品的价值不能打动客户，销售人员可以通过反向说明的方式打动客户。例如，销售人员可以明确地告诉客户："假如您不购买这款产品，您的健康将无法得到保障，您的人身安全和财产安全也将受到挑战，所以希望您尽快购买这款产品，它对您的作用是非常大的。"

3. 掌控好"威胁"的尺度

使用"威胁法"时，假如运用不当，很可能引起客户的强烈不满，所以就算是善意的"威胁"，销售人员也要掌控好尺度。"威胁法"应该以尊重客户为前提，建立在关心客户的基础之上，并且要做到客观、公正。

著名销售大师齐格·齐格勒：暗示具有神奇的力量

齐格·齐格勒曾经说："许多时候，暗示也可以被称为一种行之有效的推销手段。刚开始交易时，只要用暗示引导客户，就能让客户的心理变得更积极。"在日常生活中，暗示很常见，大家经常受到他人暗示的影响，做出违背自己想法的决定。例如：和家人一起在公园散步时，突然偶遇一位很久没见的老朋友，老朋友邀请你一起吃个饭，你正准备接受邀请，站在一旁的家人给你使了个眼色，最后你只得婉言谢绝老朋友的邀请。这就是典型的暗示，也就是用语言或动作暗示对方，以劝导对方接受自己的建议。

其实，在生活中，我们一直在不知不觉中接受着外界的暗示。商场外屏幕上的广告视频，街道上的霓虹灯广告，都在暗示消费者。人无意之中看到广告时的警觉性比较低，这些广告正是利用这一点悄无声息地进入人的潜意识中。一旦开始购物时，这些潜意识就会影响人的判断，操纵人们的购买意向。

心理学家经过研究发现，任何人都会受心理暗示的影响，只是受心理暗示影响的程度各不相同，有的人受心理暗示影响的程度比较强，有的人受心理暗示影响的程度比较弱。每个人都无法通过自我意识的控制来决定是否受心理暗示的影响。

在销售的过程中，销售人员应该学会用自己的语言或行为的暗示影响客户，左右客户的购买行为。

齐格·齐格勒认为，刚开始谈生意时，就要暗示客户，让客户接受自己的商品。例如，可以对客户说："这位女士，假如您家里的地板是我们公司的产品，肯定能把您的房子衬托得很漂亮，甚至比您周围邻居的房子要好得多。"也可以对客户说："如今的经济很不景气，此时最适合购买我们公司的产品，它肯定能让您大赚一笔。"

齐格·齐格勒觉得，暗示有一个非常大的好处，那就是可以让客户觉得自己有购买的义务。例如拜访客户时，销售人员可以表现出旅途劳累的模样，在衣服上比较明显的地方沾上一点儿油漆。如此一来，和客户见面时，客户就会问你为什么会这样，此时你可以回答说："没什么，只是因为担心自己迟到了，错过和您见面的机会，所以才不小心弄上了一点儿油漆。"

这是一种微不足道的小技巧，可是效果却非常明显，能给客户留下深刻的印象。原因是这样会让客户产生一种愧疚心理，觉得你之所以如此狼狈完全是因为他。当客户出现这种心理时，说明你离成交已经近在咫尺了。

既然暗示拥有如此神奇的力量，我们就要了解暗示，对暗示的类型进行逐一分析，因为这有助于我们利用暗示说服客户并达成交易。那么，暗示有哪些类型呢？

1. 直接暗示

直接暗示指的是把产品的价值直接透露给客户，让客户在短时间内做出抉择。它的特点是直截了当，让对方迅速接受，不会因为误会销售人员的意思而影响产品的销售。

2. 间接暗示

间接暗示指的是把产品的价值间接地透露给客户，让客户在短时间内做出抉择。一般情况下，客户对直接暗示比较反感，这样会导致直接暗示起不到应有的效果。相反，间接暗示则容易得到客户的认同，起到很好的效果。

3. 让客户自我暗示

自我暗示指的是客户自己暗示自己，用自己的思想和语言对自己进行暗示，从而自己改变自己的行为。假如我们想让客户自我暗示，就得想方设法提高客户的期望值，让客户朝着我们期待的方向发展。

总而言之，在销售的过程中，销售人员应该合理运用暗示，把自己的产品成功地推销出去。暗示具有神奇的力量，可以让客户悄无声息地按照销售人员的意愿行事。销售人员应该在销售工作中充分利用暗示帮助自己说服客户，以达到成交目的。